Als die Kathedralen
in den Himmel wuchsen

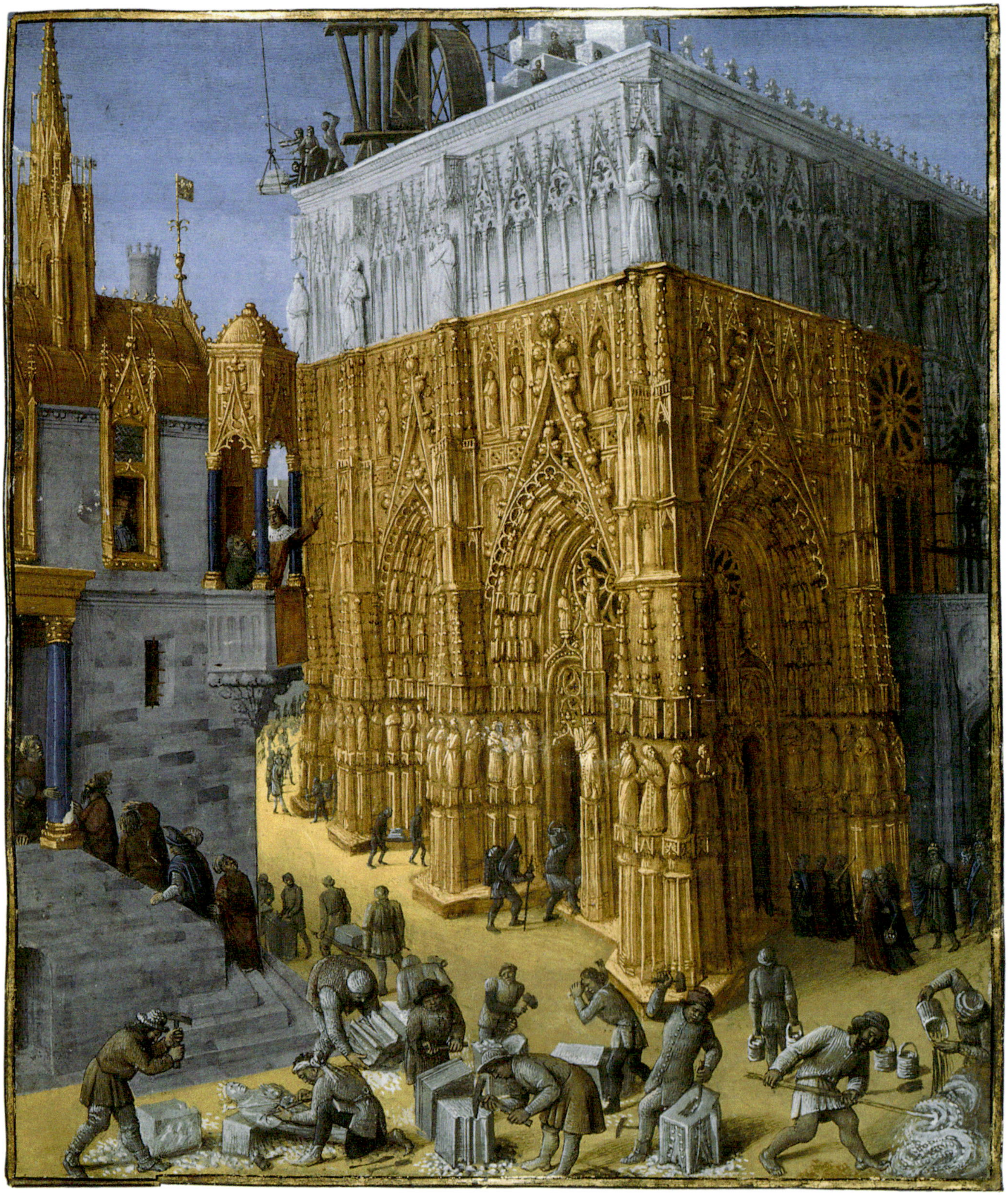

1 Errichtung einer gotischen Kathedrale. Jean Fouquet, Antiquités et Guerres des Juifs, Buchmalerei Ende 15. Jh. (Paris, Bibl. Nat., Ms. fr. 247, fol. 163).

Günther Binding

Als die Kathedralen in den Himmel wuchsen

Bauen im Mittelalter

Lizenzausgabe
für die Wissenschaftliche Buchgesellschaft

Bestellnummer 19023-8

Die Herausgabe des Werkes wurde durch die Vereinsmitglieder
der WBG ermöglicht.
Gedruckt auf säurefreiem und alterungsbeständigem Papier
Layout und Prepress: schreiberVIS, Seeheim

Printed in Germany

www.wbg-darmstadt.de

Inhalt

Vorwort

In vielen Zentren unserer Großstädte, in kleinen Orten und einsam gelegenen Klöstern spürt man noch heute den Geist und die Leistungen von meisterhaften Handwerkern, von Steinbrechern, Steinmetzen, Bildhauern, Zimmerleuten und Werkmeistern, von Bauverwaltern, Organisatoren und großzügigen Bauherren. Sogleich drängt sich die Frage auf: Wie konnten so gewaltige Bauwerke wie die schweren romanischen Dome und die grazilen, fast schwebenden gotischen Kathedralen im Mittelalter errichtet werden? Was waren die Kenntnisse und Fähigkeiten der Bauausführenden, welche technischen Hilfsmittel standen zur Verfügung, wie wurden die kühnen Konstruktionen erdacht und so ausgeführt, dass sie die Jahrhunderte bis heute standfest überdauert haben? Darüber geben uns zeitgenössische Abbildungen und Berichte sowie die erhaltenen Bauten hinreichend Auskunft. Der Bauherr oder in seinem Auftrag und in seiner Stellvertretung der Bauverwalter mussten die Grundvoraussetzungen für den Bau organisieren: von der Beschaffung des Geldes und des Baumaterials, dem Transport des Materials zur Baustelle bis zur Anwerbung und Bereitstellung der Bauleute, der Sorge für ihre Unterkunft und tägliche Verköstigung. Der Bauherr bestimmte Größe und Form des Bauwerks; der als Steinmetz und Zimmermann geschulte Werkmeister leitete die Bauausführungen, löste alle Probleme der standfesten Konstruktion und bestimmte die Einzelgestaltung.

Von der Planung bis zur Vollendung geht es in diesem Buch um alle interessanten Aspekte (und auch Probleme) der Bauausführung – und um die Beteiligten.

I. Einleitung

2 Das Bild zeigt die verschiedenen Stadien des Baufortschritts. Der Ostchor (rechts) ist (wie üblich) als erster Bauabschnitt fertig, um dort die Messe lesen zu können, während am Querschiff und Langhaus noch gebaut wurde. Man sieht Steinmetzen bei der Arbeit, Mörtelmischer, Maurer und hinten rechts Dachdecker sowie ein Stangengerüst um einen fast fertigen Turm, dessen Spitze mit einem Kran aufgesetzt wird. Französische Handschrift der Sage von Girart de Roussillon, 1448 (Wien, Österr. Nat. Bibl., Cod. 2549, fol. 164).

Als die Kathedralen in den Himmel wuchsen

Wenn sich im Mittelalter ein König, Fürst, Bischof, Abt oder eine Gemeinde entschloss, eine Kirche zu bauen, bedeutete dies eine gewaltige Aufgabe, denn der Bau erforderte ungeheure Geldmittel, eine Vielzahl von Arbeitskräften, die Beschaffung von brauchbaren Baumaterialien und, mit allem verbunden, eine umfassende Organisation.[1] Da der Kirchenbau im Mittelalter der umfangreichste Bauauftrag war und die organisatorischen und technischen Anforderungen gegenüber den profanen Bauwerken deutlich größer waren und auf den Profanbau eingewirkt haben, befasst sich dieses Buch über das „Bauen im Mittelalter" vorrangig mit dem Kirchenbau.

Größe und Pracht des Gotteshauses auf Erden sollte weithin sichtbar über den Ort mit seinen niedrigen Wohnhäusern, gleichsam über diese Welt hinausragen und die Größe und Bedeutung der *ecclesia spiritualis,* der geistigen Kirche, anzeigen. Es sollte

3 Darstellung aller am Bau einer Kathedrale um 1250 beteiligten Personen. Links stehen hintereinander der angelsächsische König Offa in Begleitung seines Werkmeisters (mit Bodenzirkel und Winkel) und seines Bauverwalters am Bauplatz der Kathedrale. Zwei Arbeiter transportieren Steinquader auf einer Trage über eine Laufschräge aus Holmen mit Quersprossen. Unten schiebt ein Handlanger eine mit Steinquadern beladene Schubkarre.
Die rechte Hälfte zeigt Handwerker und Handlanger bei ihren verschiedenen Tätigkeiten. Links zieht ein Handlanger mit Hilfe einer Seilwinde, die über eine Rolle läuft, einen mit kleinen Steinen gefüllten Korb zu den auf der Mauer Beschäftigten hinauf. Rechts von ihm behaut ein Mann mit einer Doppelfläche ein vor ihm auf dem Boden liegendes Kapitell. Am Boden liegen ein Klöpfel, ein Winkel und eine Doppelfläche. Hinter ihm glättet ein Zimmermann mit dem beidhändig geführten Breitbeil einen aufgebockten Balken. Auf einer Leiter steht ein Zimmermann mit einem Brustbohrer, der das Stangengerüst errichtet. Auf der Mauer kontrolliert ein Maurer mit einem durch ein Klötzchen geführten Lot die Mauerflucht, zu seinen Füßen findet sich ein runder Mörteltrog mit Kelle. Ganz links lässt sich ein weiterer Maurer ausmachen, der mit beiden Händen eine Lotwaage auf die Mauer setzt. Matthew Paris, Vita der hll. Albanus und Amphibalus, um 1250 (Dublin, Trinity College Library, TCD Ms. 177, Sign. E. i. 40, fol. 59^{v}, 60).

4 Alle wichtigen Arbeiten sind auf dieser Illustration des Turmbaus zu Babel in einem Alten Testament wiedergegeben. Unten rechts sind zwei Steinmetzen damit beschäftigt, einen Quader mit dem Richtscheit anzureißen und mit dem Klöpfel und Setzeisen zu bearbeiten. Handlanger tragen Steine auf einer Trage und Mörtel in einem geschulterten Holztrog über eine leiterartige Laufschräge zu den Maurern (Setzern), die die Quader versetzen. Mit Galgenkran und Laufrad werden Steine aufgezogen. Altes Testament, Mitte 13. Jh. (New York, Pierpont Morgan Library, Ms. fr. 638, fol. 3).

auch die besondere Stellung der Gott dienenden und die Kirche auf Erden führenden Personen verdeutlichen, die sich durch Gründung bzw. Stiftung eines Kirchenbaus den Himmel „erkaufen" wollten, wie es Bischof Bernward von Hildesheim in seinem Testament von 1019 ausgedrückt hat.[2]

Die Kirche ist der Ort des Gottesdienstes, sie dient der Versammlung der Gläubigen. Der Kirchenbau soll sie mit seiner Schönheit, mit dem Glanz der Ausstattung und mit der Pracht der Liturgie erheben. Das setzt die Fähigkeit zum Staunen und Fragen voraus. Wie ein Kirchenbau auf den Besucher wirken konnte, schildert Abt Suger von Saint-Denis um 1145 sehr eindrücklich: „Als mich einmal aus Liebe zum Schmuck des Gotteshauses die vielfarbige Schönheit der Steine von den äußeren Sorgen ablenkte und würdiges Nachsinnen mich veranlasste, im Übertragen ihrer verschiedenen heiligen Eigenschaften von materiellen Dingen zu immateriellen zu verharren, da glaubte ich mich zu sehen, wie ich in irgendeiner Region außerhalb des Erdkreises, die nicht ganz im Schmutz der Erde, nicht ganz in der Reinheit des Himmels lag, mich aufhielt und glaubte, dass ich, wenn Gott es mir gewährt, auch von dieser unteren Region zu jener höheren in hinaufführender Weise hinübergetragen werden könnte."[3]

In intensiver Weise verbanden sich hier Weltliches und Kirchliches, Zeitliches und Ewiges zu einer glänzenden Einheit, die sichtbaren Ausdruck in den Kathedralen, Klöstern und Pfarrkirchen fand. „Edel erstrahlt das Werk, doch das Werk, das edel erstrahlt, soll die Herzen erhellen, so dass sie durch wahre Lichter zum wahren Licht gelangen, wo Christus die wahre Tür ist. [...] Der schwerfällige Geist erhebt sich mit Hilfe des Materiellen zum Wahren."[4] So hat Abt Suger 1140 auf der Kirchentür seiner Klosterkirche Saint-Denis bei Paris in einer Inschrift verkündet. Dafür ist Schönheit notwendig.[5] Robert Grosseteste, Bischof von Lincoln, definiert um 1230 den Begriff der Schönheit so: „Die Schönheit ist Einklang und Übereinstimmung eines Dinges in sich selbst und Harmonie aller seiner einzelnen Teile in sich selbst und in bezug auf die übrigen und in bezug auf das Ganze und des Ganzen in bezug auf alle Teile." Und Thomas von Aquin (1224/25 – 1274) schreibt um 1250: „Für die Schönheit sind drei Dinge erforderlich. Erstens die Vollständigkeit oder Vollkommenheit. [...] Weiter die rechte Proportion oder Harmonie. Und schließlich die Klarheit; denn wir nennen solche Dinge schön, die leuchtende Farben haben." Diese Auffassung ist allgemein verbreitet und wurde schon von Augustinus (354 – 430) unter dem Einfluss der Ideen des griechischen Philosophen Platon vertreten: Alle Schönheit ist die Übereinstimung der Teile, bestimmend sind zahlenhafte Proportionen und Harmonien, dazu eine gewisse Eleganz, Ausschmückung und Anmut sowie die Farbe, die in sich das Verlangen nach genauer Betrachtung trägt. Diese Vorstellungen finden sich auch bei dem Franziskanermönch Bonaventura (1217/18 – 1274) und auch noch bei dem Renaissance-Architekten Leon Battista Alberti (1404 – 1422).

Früh setzt an dem Glanz und der Pracht der Kirchenbauten auch Kritik an, vorrangig bei dem 1098 gegründeten, auf Einfachheit ausgerichteten Zisterzienserorden. So wendet sich der Zisterzienserabt Bernhard von Clairvaux 1124/25 in einer Streitschrift gegen „die ungeheure Höhe der [Kloster-] Kirchen, die maßlosen Längen, überflüssigen Breiten, verschwenderischen Steinmetzarbeiten und die ungewöhnlichen Malereien, die den Blick der Betenden [Mönche] auf sich lenken und die Andacht verhindern. [...] Freilich die

Comment on edifia la tour de babilonne. et le languege fust mue en .lxxij. languegues. et les anges la despecerent.

Sache der Bischöfe ist eine andere als die der Mönche. Wir wissen nämlich, dass jene, da sie Weisen und Unweisen verpflichtet sind, die Andacht des fleischlich gesinnten Volkes mit materiellem Schmuck anregen, weil sie es mit Geistigem nicht vermögen."[6]

Für die Erbauung der Kirchen waren die Bauorganisation und die Bautechnik bei einem vorromanischen (8.–10. Jahrhundert) und einem romanischen Dom (11.–Mitte 13. Jahrhundert) mit den dicken Mauern und Rundbogen und einer gotischen Kathedrale (13.–15. Jahrhundert) mit schlanken Gliederungen und Spitzbogen im Wesentlichen gleich. Mitten in der Entwicklung der gotischen Kathedrale hat jedoch im Laufe des 13. Jahrhunderts die Bautechnik gewechselt, was in ökonomischen Veränderungen begründet lag.

Wirtschaftlich-soziale Hintergründe

Im 12./13. Jahrhundert begann sich das karolingische, im 9.–11. Jahrhundert ausgebreitete und konsolidierte Grundherrschaftssystem des Königs sowie der kirchlichen und weltlichen Herren mit der im Lehnswesen begründeten Wirtschafts- und Sozialordnung und den Fronleistungen aufzulösen. Der Hochadel, an der Spitze der König, herrschte über Land und Leute. Er wurde unterstützt von den Rittern, die seit dem 11./12. Jahrhundert Burgen bauten, Krieg führten, Streitigkeiten schlichteten und Recht sprachen. Das gemeine Volk hatte nur wenige Rechte und war zu Diensten und Abgaben an den Grundherrn verpflichtet. Eine Ausnahme bildeten die Bürger in den seit dem 12. Jahrhundert wachsenden Städten; sie waren frei, konnten Besitz erwerben und Handel treiben.

Parallel zur beträchtlichen Ausweitung des kultivierten Landes im Zuge des Landesausbaus und in Wechselwirkung mit der Entfaltung der Stadtkultur erreichte man in der Landwirtschaft deutliche technische Verbesserungen: Errungenschaften wie das Arbeitspferd mit Hufeisen und Zuggeschirr (das aus dem Osten übernommene Kummet), Beetpflug, Sense, Ackerwagen sowie Wasser- und Windmühlen brachten höhere Erträge. Zugleich entwickelte sich die Dreifelderwirtschaft, die schließlich zur Dreizelgenwirtschaft führte, bei der die Gewannflur eines Dorfes in drei Zelgen (Großfelder) eingeteilt wurde und ein für alle Bauern verbindlicher Wechsel von Wintergetreide, Sommergetreide und Brache vorgeschrieben war. Auf diese Weise konnte man nicht nur den Getreideertrag verdoppeln, sondern auch das Pflügen, Säen und Ernten gleichmäßiger über das Jahr verteilen, gleichzeitig war die Gefahr von Missernten reduziert.

Die vorübergehende Erwärmung des Klimas und die agrarwirtschaftliche Ertragssteigerung bildeten im 12./13. Jahrhundert die Grundlage für die Versorgung der Städte. Dort konnte sich bei annähernder Verdoppelung der Bevölkerung durch das Ausbleiben von Hungersnöten und Epidemien Arbeitsteiligkeit und handwerkliche Produktion ent-

5 Die französische Illustration zum Turmbau zu Babel zeigt eine spätmittelalterliche Baustelle mit Steinbearbeitung, Mörtelmischen und dem Aufzug einer großen Steinplatte mit einer Haspel. Stundenbuch des Herzogs von Bedford, um 1405/30 (London, British Library, Add. Ms. 18850, fol. 17v).

wickeln. Dieser Prozess wurde durch die Einführung der Geldwirtschaft, die zudem das Aufblühen von Fernhandel und Gewerbe mit sich brachte, unterstützt oder überhaupt erst ermöglicht. In den Händen von Bürgern sammelten sich teilweise große Geldvermögen an; der wirtschaftliche Aufstieg war begleitet von wachsendem sozialem Ansehen und politischem Einfluss.

Im 14. Jahrhundert geriet Europa in eine schwere Krise. Ständige Kriege, zahlreiche Missernten und die Pestepidemien führten zu großen Verlusten unter der Bevölkerung, die in Deutschland auf etwa zwölf Millionen und in England auf fünf Millionen angewachsen war. Das 15. Jahrhundert brachte wieder eine allgemeine Erholung. In Deutschland lebten im 15. Jahrhundert nur etwa 15 Prozent der Bevölkerung in Städten; Köln war mit etwa 35 000 Einwohnern in Deutschland die größte Stadt, demgegenüber hatte Paris schon etwa 200 000 Einwohner.

Innovationen verändern den Kirchenbau

Dieser tiefgreifende Strukturwandel und die durch die Prosperität immer zahlreicher und umfangreicher geforderten Bauaufträge führten im Zusammenhang mit der Verteuerung der Arbeitskräfte auf den Baustellen in der ersten Hälfte des 13. Jahrhunderts zu einer Vielzahl von Innovationen: Dazu zählen die Erfindung der Bauzeichnung ab ca. 1230/50 und die Systematisierung und Vereinheitlichung der Bauglieder – beides Voraussetzungen für die serielle Produktion von Quadern und Gliederungsformen –, das Strebesystem im Skelettbau (und damit Reduktion des Materialbedarfs) und die Einführung des Baukrans mit Laufrad seit der Mitte des 13. Jahrhunderts (Abb. 4) zur Einsparung von Hilfskräften. Zugleich veränderte sich die soziale Stellung der Werkmeister.

In dieser Zeit wurde auch das Gewölbe in den Mittelschiffen der Kirchen immer höher: in Speyer (etwa 1090 – 1120) maß die Gewölbehöhe 33,00 Meter, in Paris (1163 – 1220) 32,80 Meter, in Chartres (1194 – 1220) 36,55 Meter, in Reims (1211 – 1233) 37,95 Meter, in Amiens (1220 – 1240) 42,30 Meter und in Beauvais (1255 – 1272) 48,00 Meter. Der Chor von Beauvais stürzte 1284 teilweise ein, aber nicht wegen der Höhe, sondern wegen der allzu großen Spannweite der Arkaden. Beim Kölner Dom (1248 – um 1300), dem die Kathedrale von Amiens als Vorbild diente und in dessen Baufortgang Beauvais bekannt wurde, baute man bis um 1300 die Gewölbe nur noch 43,35 Meter hoch (immerhin passt in den Kölner Dom ein 15-geschossiges Hochhaus). Die Gewölbe des Prager Domes erreichten 1356 – 1384 gerade noch eine innere Höhe von 33,24 Meter, wie der Speyerer Dom um 1100. Die Fundamente gotischer Kathedralen reichen teilweise bis zu 10 Meter tief in den Boden. Die Menge des für ein solches Bauvolumen notwendigen Baumaterials ist kaum vorstellbar, der Arbeitsaufwand und der Umfang der notwendigen Organisation einer solchen Großbaustelle ist enorm und im Verhältnis zu den übrigen Bauaufgaben im Mittelalter ohne jeden Vergleich.

Die auch heute noch bewunderten, eindrucksvollen mittelalterlichen Kirchen sind die Hinterlassenschaft bedeutender Bauherren, engagierter Organisatoren und erfahrener Werkmeister in Zusammenarbeit mit „einer großen Menge geschickter Maurer, Steinmetzen, Bildhauern und anderen Werktätigen", wie sie Abt Suger um 1135 für den Erweiterungsbau seiner Klosterkirche Saint-Denis bei Paris, in der die Gräber der französischen Könige lagen, angeheuert hat.[7] Dazu kam eine kaum abzuschätzende Zahl von Hilfsarbeitern, ferner „Zimmerleute, Maler, Eisenschmiede und Gießer, Goldschmiede und Verarbeiter von Edelsteinen, jeweils besonders Erfahrene in ihrer Kunstfertigkeit".[8] Diese mussten zumeist von weither zusammengeholt werden.

Über den mittelalterlichen Baubetrieb geben schriftliche Zeugnisse Auskunft, vor allem Lebensbeschreibungen bedeutender Bauherren, Klosterchroniken und seit dem 13. Jahrhundert die Rechnungsbücher der Bauhütten. Dazu kommen etwa 900 bildliche Darstellungen, die insbesondere über die Geräte, Maschinen und Gerüste informieren und deren Einsatz zeigen. Das christlich geprägte Mittelalter hat nämlich die Erschaffung der Welt und die Ordnung des Kosmos bevorzugt in Bauvorstellungen erfasst und den Kirchenbau als Abbild des Kosmos begriffen. Die rational durchdachte, ordnende und planvoll lenkende Tätigkeit ist der gemeinsame Ansatz. Das menschliche Bauen repräsentiert die schöpferische Tat Gottes, die in Amos 9,6 mit bauen (*aedificare*) und gründen (*fundare*) ausgedrückt wird. Die Tätigkeit des mittelalterlichen Bauherrn und Baumeisters ist der Forderung im Buch der Weisheit 11,21 verpflichtet, dass Gott „alles nach Maß, Zahl und Gewicht geordnet hat". Zudem befindet sich die Kirche, die Gemeinschaft der Gläubigen, bis zum jüngsten Tag im Aufbau, im Werden, wie es bei Esra 5,16 heißt: „Er legte die Fundamente des Tempels Gottes in Jerusalem, und seit der Zeit bis jetzt wird er gebaut und ist noch nicht vollendet." Die *structura*, das ordentliche Aufeinanderlegen der Steine, ist entsprechend der Darstellungsinhalt in Bibelillustrationen, vornehmlich zum Turmbau zu Babel, d. h. der Baubetrieb „am heutigen Tage" wird dargestellt, denn die bildliche Darstellung des im Werden begriffenen Bauwerks kann nur ihren Wahrheitsgehalt erreichen, wenn sie der gegenwärtigen Realität entspricht: die fließende Geschichte kann nur durch „Vergegenwärtigung" zum stehenden Besitz werden. Somit sind die mittelalterlichen Darstellungen des Baubetriebs eine zuverlässige Quelle für die zeitgenössische Bautechnik mit allen Handwerkern, Werktechniken, Werkzeugen und Geräten. Aus der Frühzeit sind nur wenige Darstellungen bekannt, im 12./13. Jahrhundert schon mehr, zahlreich sind sie aus dem 14. und besonders aus dem 15. Jahrhundert überliefert.

Ein besonderes Problem stellen die schriftlichen Zeugnisse aus dem frühen und hohen Mittelalter (8 – 13. Jahrhundert) dar, denn einmal ist es schwierig zu entscheiden, ob die Berichte über ältere Zeiten nicht vorrangig den Baubetrieb aus der Zeit der Niederschrift zurückprojiziert haben; zum anderen existieren keine einheitlichen Bezeichnungen für die einzelnen Bauformen, Baumaterialien und Werkzeuge. Das betrifft auch die lateinische Bezeichnung *magister operis*, die sowohl für den Bauverwalter, einen Priester, Mönch, Adligen oder Patrizier, als auch für den Werkmeister, der als Handwerker auf der Baustelle mitarbeitet, verwendet wird. Erst für das 14. und 15. Jahrhundert geben die Berichte, Rechnungsbücher und Urkunden eine genauere Vorstellung.

Über den Wiederaufbau der Kathedrale von Canterbury (Abb. 6) nach dem verheerenden Brand am 5. September 1174 berichtet 1180 und 1184 der Mönch Gervasius von Canterbury als Augenzeuge und gibt uns damit einen interessanten authentischen Abriss einer Baugeschichte, die viel Typisches enthält, vom Wechsel der Baumeister bis zu Widrigkeiten und Bauunterbrechungen, die durch das Wetter oder fehlende Finanzen verursacht wurden.[9]

„Als sie ihr Elend ein wenig mit Trost gelindert hatten, errichteten sie in dem Kirchenschiff [dessen Dach und Decke völlig verbrannt waren] einen Altar und für sich irgendwelche Plätze, wo sie die täglichen Horen mehr herausheulten als sangen. [...] Inzwischen suchten die Brüder Rat, wie und nach welcher Maßgabe der Vernunft die niedergebrannte Kirche wiederhergestellt werden könne, aber sie fanden ihn nicht. Denn die Säulen der Kirche, die gewöhnlich Pfeiler genannt werden, fielen infolge der Schwächung durch das allzu große Wüten des Feuers stückweise herunter und konnten kaum standhalten, und entzogen so allen, auch den sehr Klugen, den richtigen und nützlichen Rat. So wurden Kunstfertige aus Frankreich und England zusammengerufen, aber selbst die stimmten nicht überein beim Ratgeben. [...]

Es war aber unter den [...] Kunstfertigen einer aus Sens gekommen, Wilhelm mit Namen, ein ausgesprochen tüchtiger Mann, in Holz und Stein ein sehr geschickter Kunstfertiger. Diesen nahmen sie, indem sie die anderen fortschickten, wegen der Lebhaftigkeit der Erfindungsgabe und wegen des guten Rufes in das Werk auf. Ihm und der Vorsehung Gottes wurde die Vollendung des Werkes anvertraut. [...] Sie stimmten also ergeben, wenn auch nicht gerne zu, den verbrannten Chor einzureißen. So wurde viel Mühe für die Beschaffung von Steinen aus Übersee [Kontinent] aufgewendet. Um die Schiffe zu beladen und zu entladen und um den Mörtel und die Steine [auf]zuziehen, verfertigte er mit großem Erfindungsreichtum Winden. Auch übergab er den Steinmetzen, die zusammengekommen waren, Formen zum Formen der Steine und bereitete anderes in gleicher Weise sorgfältig vor. Der Chor also, der zum Abriss bestimmt war, wurde eingerissen, und darüber hinaus wurde in diesem ganzen Jahr [September 1174 – September 1175] nichts getan. [...]

Im folgenden Jahr, d. h. nach dem Fest des hl. Bertin [5. September 1175], richtete er vor dem Winter vier Pfeiler auf, d. h. auf beiden Seiten zwei. Nachdem der Winter vergangen war, fügte er zwei hinzu, so dass auf beiden Seiten drei in einer Reihe seien. Über diesen und den Seitenschiffaußenmauern baute er passend Bogen und Gewölbe, d. h. drei Schlusssteine auf beiden Seiten. [...] Im dritten Jahr [September 1176 – September 1177] fügte er auf jeder Seite zwei Pfeiler hinzu, von denen er die beiden äußeren rundherum durch marmorne Säulen schmückte, und weil dort Chor und Querhausarme zusammenkommen mussten, bestimmte er sie zu Hauptpfeilern. Und nachdem auf diese die Schlusssteine gesetzt waren und das Gewölbe gebaut war, spannte er von dem größeren Turm bis zu den vorgenannten Pfeilern, d. h. bis zum Querhaus, das untere Triforium mit vielen Marmorsäulen ein. Über dieses Triforium fügte er noch ein anderes aus einem anderen Material und die oberen Fenster hinzu, danach drei Schlusssteine des großen Gewölbes, und zwar vom Turm bis zum Querhaus. [...] Im Sommer [des Jahres 1178] errichtete er, vom Querhaus ausgehend, zehn Pfeiler, zu beiden Seiten fünf. Deren beide ersten schmückte er mit marmornen Säulen und baute sie als Hauptpfeiler den anderen beiden gegenüber. Über diesen zehn setzte er Bogen und Gewölbe. Nachdem aber die beiden Triforien und die oberen Fenster fertig waren, als er die Gerüste zur Wölbung des großen Gewölbes zum Anfang des fünften Jahres [September 1178] vorbereitet hatte, da zerbrachen plötzlich die Balken unter seinen Füßen, und er stürzte mit Steinen und Hölzern, die mit ihm zugleich abstürzten, zur Erde, von der Höhe der Kapitelle des oberen Gewölbes, nämlich 50 Fuß [ca. 15 Meter]. [Schwerverletzt lag er im Bett]

Baugeschichte par excellence: Die Kathedrale von Canterbury 1174 – 1180

6 Canterbury, Kathedrale (1175 – 1184), Chor und Trinitätskapelle nach Osten

7 (Rechts) Der einzigartige Wasserversorgungsplan der Kathedrale von Canterbury aus der Zeit des Prior Wibert (1151 – 1167) zeigt das hölzerne Rohrnetz: grün die Frischwasserzuleitung von der Quelle bis zum zweiten Wasserturm im Kreuzgang, rot das Verteilungsnetz im Kloster und die Abwasserkanäle, gelb die Ableitung für das Regenwasser. Die Gebäude sind in ihrer Ansicht auf die Mitte bezogen dargestellt. Hinsichtlich seiner technikgeschichtlichen Bedeutung ist der Plan für das ganze Mittelalter einmalig. (Eadwin-Psalter um 1165, Cambridge, Trinity College Ms R 17.1)

Aber weil doch der Winter bevorstand, und es nötig war, das obere Gewölbe zu vollenden, übergab er einem fleißigen und klugen Mönch, der den Maurern vorstand, die Vollendung des Werks. [...] Der Meister jedoch, der im Bett darniederlag, ordnete an, was früher, was später gemacht werden musste. So wurde das Gewölbe zwischen den vier Hauptpfeilern geschaffen, in dessen Schlussstein gewissermaßen der Chor und die Querhausarme zusammenzukommen scheinen. Auch wurden vor dem Winter [noch] zwei Gewölbe auf beiden Seiten gemacht, aber die immer heftiger auftretenden Regenfälle erlaubten nicht, mehr zu machen. [...] Als der Meister [im Sommer 1179] spürte, dass er durch keine Kunst oder Bemühung der Ärzte geheilt werden könne, kündigte er das Werk auf und kehrte über das Meer nach Frankreich zu den Seinen zurück. Ihm folgte in der Bauleitung ein anderer mit Namen Wilhelm, ein Engländer von Geburt, klein an Gestalt, aber in unterschiedlichen Werken sehr geschickt und tüchtig. Dieser vollendete im Sommer des fünften Jahres [1179] beide Querhäuser, nämlich das südliche und das nördliche, und wölbte das Gewölbe, das über dem Hauptaltar ist, was nicht im vorgenannten Jahr geschehen war, obwohl alles vorbereitet gewesen war, weil die Regenfälle es verhindert hatten. Außerdem machte er ein Fundament im östlichen Teil zur Erweiterung der Kirche, weil die Kapelle des hl. Thomas dort von neuem aufgebaut werden sollte. [...] Nachdem aber ein äußerst festes Fundament für die Außenmauer aus Stein und Mörtel gemacht war, errichtete er auch die Mauer der Krypta bis zu den Sohlbänken der Fenster. Damit wurde das fünfte Jahr vollendet [September 1179]. Nun sorgten sich zu Beginn des sechsten Jahres [...] die Mönche, den Chor vorzubereiten, damit sie zum nächsten Osterfest [1180] einziehen könnten. [...] Er [der Meister] baute also die Mauer, die den Chor umläuft und das Presbyterium, mit höchster Eile. [...] Auch wurde, um das Wetter aus östlicher Richtung auszuschließen, eine hölzerne Wand quer zwischen die letzten Pfeiler gesetzt, die drei Glasfenster enthielt. So wollten sie den mit höchster Arbeit und Eile bis dahin trotzdem noch kaum vorbereiteten Chor zur Ostervigil mit dem neuen Feuer betreten. [...] Außerdem wurde im Sommer des sechsten Jahres [1180] die äußere Mauer um die Kapelle des hl. Thomas, die vor dem vorangehenden Winter begonnen war, bis zum Wölben des Gewölbes hochgeführt. Auch begann der Meister den Turm am Ostteil, nämlich außerhalb des [Chor-]Umgangs, dessen unteres Gewölbe vor dem Winter vollendet wurde. Auch wurde die Kapelle der Heiligen Trinität völlig abgerissen [...]. Nachdem außerhalb der Wand aus Stein und Mörtel ein Fundament gemacht war, wurden die acht Pfeiler der neuen Krypta mit ihren Kapitellen vollendet. Auch öffnete der Meister geschickt den Eingang von der alten in die neue Krypta. Damit wurde das sechste Jahr vollendet [September 1180]. [...]

Im siebenten Jahr [September 1180 – September 1181] wurde die neue Krypta sehr wohl gestaltet erbaut, und über der Krypta die äußeren Wände der Flügel bis zu den Marmorkapitellen. Die Fenster aber konnte und wollte der Meister auch nicht wölben wegen des hereinbrechenden Regens, und auch nicht die inneren Pfeiler aufstellen. [...] Im achten Jahr [September 1181 – September 1182] stellte der Meister die acht inneren Pfeiler auf und wölbte Bogen und Gewölbe mit den Fenstern im Kreis. Den Turm aber erhöhte er bis zu den Basen der obersten Fenster unter dem Gewölbe. Das neunte Jahr war ohne Werk wegen Mangels an Geldern. Im zehnten Jahr [September 1183 – September 1184] wurden die oberen Fenster des Turmes mit den Gewölben fertiggestellt. Über den Pfeilern aber ein unteres Triforium und ein oberes mit den Fenstern und dem Hauptgewölbe. Ebenso das obere Dach, wo das Kreuz auf dem First steht, und das Dach der Flügel bis zum Verlegen des Bleis. Auch wurde der Turm gedeckt, und vieles andere wurde in diesem Jahr getan.“

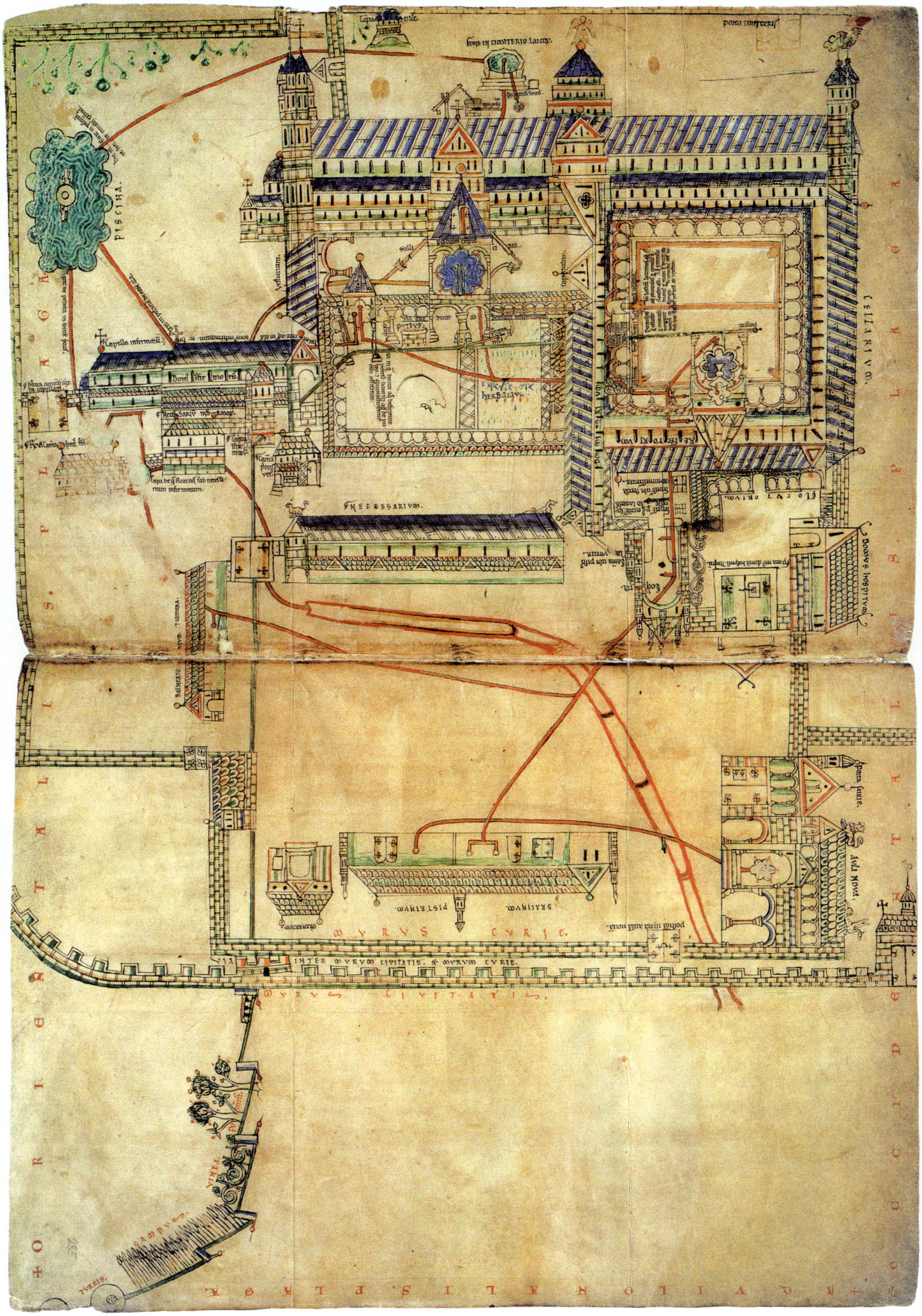
NECESSARIUM
HERBARIUM
CELLARIUM
PISCINA
INTER MURUM CIVITATIS & MURUM CURIE
MURUS CIVITATIS
MURUS CURIE
PISTRINUM
BRACINUM
Aula Nova
VINEA
CAMPUS

II. Bauherr und Bauverwalter

8 Jan van Eyck malt die hl. Barbara mit ihrem Attribut „Turm" als Baustelle eines gotischen Turmes, 1437 (Antwerpen, Koninklijk Museum voor Schone Kunsten).

Der Bauherr ergreift die Initiative

Die Initiative zum Bau einer Kirche ging in aller Regel von einem theologisch gebildeten oder weltlichen, häufig politisch einflussreichen Bauherrn aus (Abb. 3, 5, 12–15, 82, 95). Er bestimmte Bauabsicht und Bedeutung und stellte die finanziellen Mittel zur Verfügung. Dabei handelte es sich nicht unbedingt um eine einzelne Person. Bauherr und Auftraggeber für den Bau von Bischofskirchen war beispielsweise nicht der Bischof allein, sondern auch – als Hausherr – das Kapitel, die Versammlung der Kanoniker (Domherren), eine Korporation von Geistlichen, die den Chordienst, die täglichen gottesdienstlichen Verpflichtungen, zu organisieren und durchzuführen hatten sowie den Bischof in seinen geistlichen und weltlichen Aufgaben unterstützten. Der Bau von Stifts- und Klosterkirchen wurde vom Abt oder der Äbtissin (Abb. 9, 10) initiiert, aber häufig vom Patro-

natsherrn oder Stifter, der einen Teil der finanziellen Mittel bereitstellte, beeinflusst. Pfarrkirchen wurden von dem Kirchenpatron oder dem Magistrat der Stadt in Auftrag gegeben. Kleinere Kirchen und Kapellen gehörten dem Grundeigentümer (Eigenkirchen).

Die Bauherren waren zu allen Zeiten darum bemüht, ältere Bauten durch Neubauten zu ersetzen, die dem Baustil der Zeit entsprachen und in der Regel größer und prächtiger als die alte Kirche werden sollten. So schreibt um 1080 Goscelin, der 1058 von Frankreich nach England kam und schließlich Mönch in Canterbury war: „Derjenige tut gut daran abzureißen, der Besseres errichtet. Ich [...] ärgere mich über kümmerliche Bauten. [...] Hätte ich die Möglichkeit, so ließe ich keine auch noch so geachtete Kirche stehen, wäre sie nicht nach meinem Urteil ruhmvoll, großartig, sehr hoch, sehr geräumig, sehr hell und sehr schön."[1]

Mehrfach wird der Bauherr, also etwa der Bischof oder Abt, *architectus* genannt.[2] Wie Paulus im ersten Brief an die Korinther 3,10 in Bezug auf die geistige Kirche, die *ecclesia spiritualis*, sagt: „Wie ein weiser Architekt habe ich das Fundament gelegt", so hat der Bauherr das Fundament für die materielle Kirche, die *ecclesia materialis*, gesetzt, die ein Abbild der geistigen Kirche ist.

Die theologische, vom Bauherrn bestimmte Bedeutung des Kirchengebäudes erläutert beispielsweise Abt Suger von Saint-Denis um 1145: „In der Mitte nun erhoben zwölf Säulen, die die Anzahl der zwölf Apostel vorstellen, in zweiter Linie aber ebenso viele Säulen der Seitenschiffe, die die Zahl der Propheten bezeichnen, den Bau unvermittelt hoch, wie der Apostel sagt, indem er in geistlicher Weise baut: ‚Ihr seid nun nicht Gäste und Fremdlinge, sondern Mitbürger der Heiligen und Hausgenossen Gottes, erbaut auf dem Fundament der Apostel und Propheten, mit Christus Jesus selbst als dem vorzüglichsten Eckstein', der beide Wände verbindet, ‚indem das ganze Gebäude' – sei es geistig oder materiell –, zu einem heiligen Tempel im Herrn wächst.' Je höher und je passender wir in ihm uns bemühen, materiell zu bauen, desto mehr werden wir belehrt, dass wir durch uns selbst geistlich ‚zu einer Wohnung Gottes im Heiligen Geist auferbaut werden'."[3]

Der Bauverwalter kontrolliert die Finanzen

Zahlreich sind die Belege für einen angesehenen *magister operis*, der in deutschen Quellen in wörtlicher Übersetzung als „Werkmeister" (Erwin von Steinbach in Straßburg 1284: *wercmeistere*) oder „Baumeister" (Wetzlarer Urkunde 1285: *procuratores sive magistri operis, vulgariter bumeystere appellantur*) bezeichnet wird (Abb. 3, 11).[4] Er war, wie

9 Die Bauherrin besucht eine Großbaustelle. Links mischt der Mörtelrührer mit der Speishacke den Mörtel, an der Wand steht eine Mörtelschaufel. Rechts arbeiten die Steinmetzen mit der Spitzfläche und mit Setzeisen und Klöpfel. Zwei Handlanger tragen auf der hölzernen Trage einen Stein. Ein Auslegerkran mit Laufrad und ein Galgenkran ziehen Material auf. Illustration zu *La Bouquechardière* von Jean de Courcy, um 1460 (Den Haag, Rijksmuseum Meermanno-Westreenianum, Ms. 10 A 17, fol. 133^{v}).

10 Diese in der Wiedergabe von Details besonders eindrucksvolle Darstellung des Besuchs der Bauherrin auf einer spätmittelalterlichen Kirchenbaustelle zeigt das Bearbeiten der Werksteine in der Hütte, davor das Mörtelmischen, den Werksteintransport mittels Trage und Schubkarre, das Versetzen der Steine und im Hintergrund die Abdeckung der Mauerkrone mittels Mist zur Sicherung gegen Witterungseinflüsse. L'Histoire de Charles Martel, 1448/65 (Brüssel, Bibl. Royale, Ms. 6, fol. 554v).

z. B. in Nürnberg, Augsburg, Konstanz oder Köln, als Beauftragter des städtischen Rats aus dem Kreis der ratsfähigen Patrizier jeweils für ein Jahr gewählt und für die Beaufsichtigung städtischer Bauten insbesondere im Hinblick auf die Finanzverwaltung und Kontrolle der Verwendung der öffentlichen Gelder für Baumaßnahmen der Gemeinde verantwortlich. Das Gleiche gilt aber auch für Pfarrkirchen und für Domkirchen, wenn diese der Bürgerschaft zugleich als Pfarrkirchen dienten wie in Straßburg, Freiburg, Regensburg, Wien oder Siena. So war der Straßburger Bürger Konrad Olemann als Ratsmitglied zum Pfleger der Münsterfabrik gewählt worden; er war zwischen 1261 und 1274 als *magister fabricae, magister seu rector fabricae* bzw. *magister operis* mit der Verwaltung des für den Bau bestimmten Vermögens sowie der Einnahmen und Ausgaben betraut.

Seit dem Ende des 13. Jahrhunderts zeichnete sich mit der häufigeren Verwendung der Begriffe *procurator fabricae* und *provisor fabricae* als Bezeichnung für den Verwalter des „Fabrikvermögens" die Tendenz zu einer gewissen Vereinheitlichung der terminologischen Vielfalt ab. Im späteren Mittelalter findet sich häufig, besonders in Süddeutschland, die deutsche Übersetzung von *magister operis* als Baumeister (*paumeister*). Für das flämische Kloster Ter Duinen sind im Jahre 1265 erstmals „Meister dieser Kirche, die Kirchmeister genannt werden", erwähnt. Seit dem 12. Jahrhundert mehren sich auch die Quellenbelege für die Bezeichnung *operarius* für den Verwalter der Kirchenfabrik. Die Verwaltung des kirchlichen Fabrikvermögens durch Laien scheint gegen Ende des 13. Jahrhunderts weit verbreitet gewesen zu sein, denn 1287 befasst sich die Synode von Würzburg in einem eigenen Kapitel damit: „Über die Laien, die die Kirchenfabrik verwalten".

1267 einigen sich Kapitel und Erzbischof über die Pflichten der Finanzverwalter (*operarii ecclesiae,* 1307 *procuratores*) der *fabrica* der Kathedrale von Narbonne; beide Parteien wählen zwei Kanoniker und zwei Kleriker auf ein Jahr zur Administration der Finanzen, dreimal im Jahr legen sie Rechnung vor dem Erzbischof und dem Domkapitel, nach einem Jahr, jeweils am 24. Juni, scheiden sie aus dem Amt oder müssen darin bestätigt werden.[5] Die Wahl für ein Jahr ist üblich, wobei häufig die Wiederwahl möglich ist. Sie sind Leiter der Bauhütte (*fabrica*) und verwalten die Baumaßnahme finanziell und organisatorisch.

Die Finanzverwalter waren keine Baufachleute. Die Trennung von praktischer Ausführung und Finanzverwaltung wird besonders deutlich in der Inschrift auf dem Juliana-Relief am Fuß des Vierungspfeilers im Ostbau des Wormser Domes aus der Zeit von 1130/40: *Otto me fecit – Adelbraht monetarius* (Otto machte mich. – Adelbraht [war] der Finanzverwalter). Nach der Xantener „Dienstanweisung für den Fabrikmeister" (1400 niedergeschrieben) „soll der *magister operis sive fabricae* bei dem Pfarrer und seinen Kaplänen bemüht sein, dass die *fabrica* gefördert werde. Wein des hl. Viktor soll er, wenn es dem Kapitel gefällt, erhalten und den am Ort Anwesenden für ihre Arbeit austeilen. Altgewordene Hölzer, die nicht mehr notwendig sind, soll er behalten und anderes treu beaufsichtigen. Mit Spenden in der Kirche soll er das zu erstellende Werk vermehren."[6] Die Aufgaben des Bauverwalters waren vielfältig: er schließt mit den Meistern Verträge ab und bezahlt alle Mitarbeiter am Bau, beschafft die Baumaterialien, regelt deren Transport; nach Beendigung der Bauarbeiten obliegt ihm die Bauunterhaltung.

Das allgemeine Verlangen, die Anonymität der Baumeister zu lüften, die unsere romanischen und gotischen Kathedralen geschaffen und über so bewunderte gestalterische und konstruktive Fähigkeiten verfügt haben, hat oftmals eine kritische, objektive Beurteilung der Quellen verhindert und so manchen Kanoniker oder angesehenen, ratsfähigen Bürger als bauverwaltenden *magister operis*, *operarius* oder *architectus* zum planenden und ausführenden Baumeister fehlinterpretiert. So war der in der Literatur als Baumeister gepriesene Enzelin in Würzburg nicht ein bauausführender Werkmeister, sondern er wurde von den Würzburger Bürgern für Bauverwaltungsaufgaben beim Bischof gewählt. In einer 1133 vom Würzburger Bischof Embrich ausgestellten Urkunde heißt es: „[…] Da das Dach unserer Hauptkirche [des Würzburger Domes] wegen der Schäden des Alters fast völlig verfallen war und einzustürzen und zusammenzubrechen

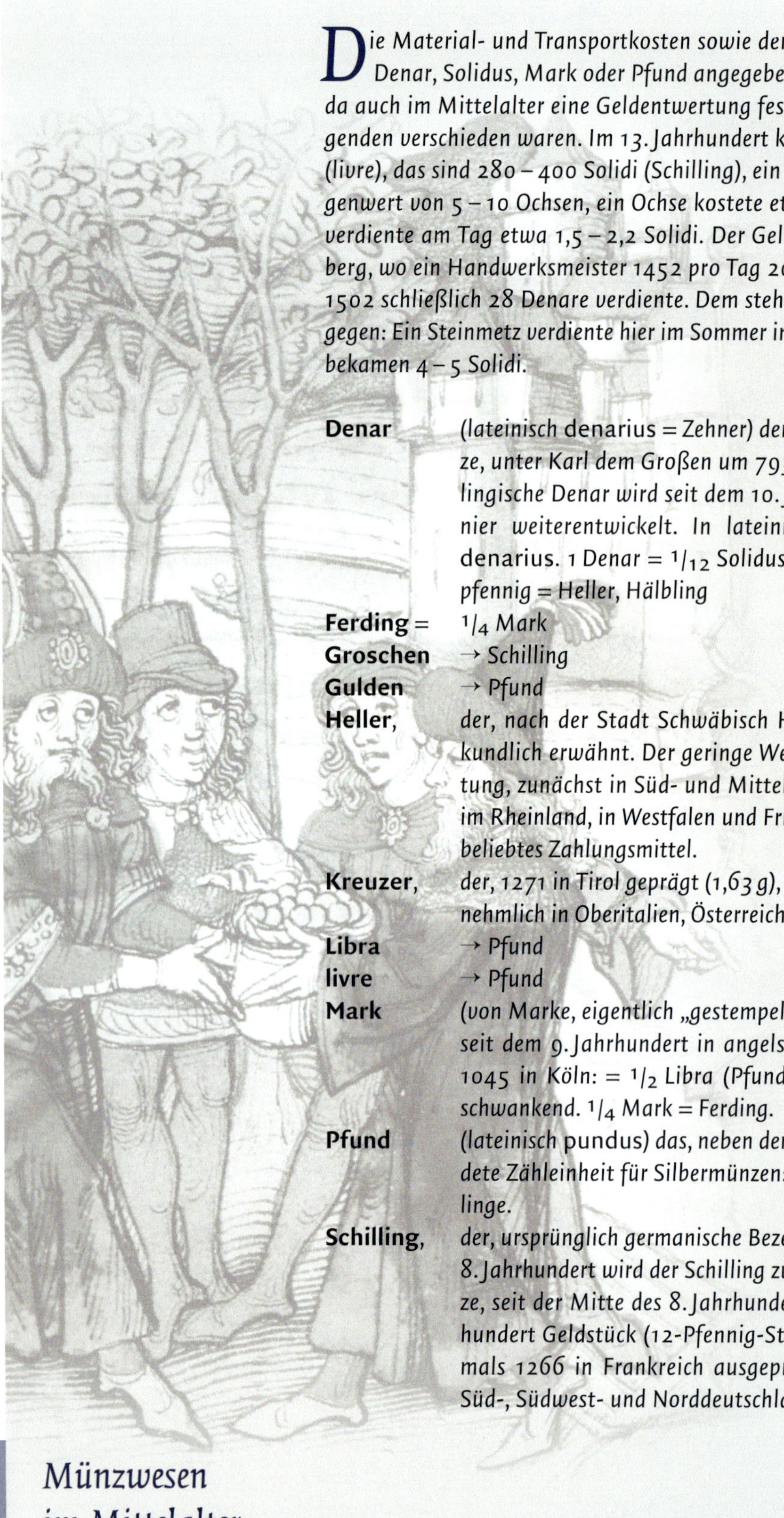

Die Material- und Transportkosten sowie der Arbeitslohn wurden allgemein im Mittelalter in Denar, Solidus, Mark oder Pfund angegeben. Deren Gegenwert in Euro ist nicht festzulegen, da auch im Mittelalter eine Geldentwertung festzustellen ist und die Löhne und Kosten nach Gegenden verschieden waren. Im 13. Jahrhundert kostete beispielsweise ein Zugpferd 14 – 20 Pfund (livre), das sind 280 – 400 Solidi (Schilling), ein Reitpferd etwas weniger; ein Pferd hatte den Gegenwert von 5 – 10 Ochsen, ein Ochse kostete etwa 20 – 50 Solidi. Zum Vergleich: Ein Steinmetz verdiente am Tag etwa 1,5 – 2,2 Solidi. Der Geldwertschwund zeigt sich beispielsweise in Nürnberg, wo ein Handwerksmeister 1452 pro Tag 20 Denare, 1464 schon 24 Denare (= 2 Solidi) und 1502 schließlich 28 Denare verdiente. Dem stehen in Aachen 1400/01 viel höhere Tagelöhne entgegen: Ein Steinmetz verdiente hier im Sommer im Schnitt 8 Solidi, im Winter 6 Solidi, Handlanger bekamen 4 – 5 Solidi.

Denar (lateinisch denarius = Zehner) der, um 211 v. Chr. entstandene römische Silbermünze, unter Karl dem Großen um 793 Münzreform von ca. 1,22 g zu 1,65 g. Der karolingische Denar wird seit dem 10. Jahrhundert zum Pfennig, in Frankreich zum Denier weiterentwickelt. In lateinischen Texten bis zum Spätmittelalter weiter denarius. 1 Denar = $^1/_{12}$ Solidus = $^1/_{240}$ Pfund Silber. Im Spätmittelalter Halbpfennig = Heller, Hälbling

Ferding = $^1/_4$ Mark

Groschen → Schilling

Gulden → Pfund

Heller, der, nach der Stadt Schwäbisch Hall benannte Pfennigmünze, erstmals 1189 urkundlich erwähnt. Der geringe Wert des Hellers ermöglichte dessen weite Ausbreitung, zunächst in Süd- und Mitteldeutschland, seit der Mitte des 13. Jahrhunderts im Rheinland, in Westfalen und Friesland. Im 14./15. Jahrhundert weit verbreitet als beliebtes Zahlungsmittel.

Kreuzer, der, 1271 in Tirol geprägt (1,63 g), Name nach dem Bild der Rückseite, kursierte vornehmlich in Oberitalien, Österreich und Süddeutschland.

Libra → Pfund

livre → Pfund

Mark (von Marke, eigentlich „gestempeltes Metall" die, nordgermanische Masseneinheit, seit dem 9. Jahrhundert in angelsächsischen und skandinavischen Urkunden, seit 1045 in Köln: = $^1/_2$ Libra (Pfund) = 6 Unzen = 10 Solidi = 120 Denare, später schwankend. $^1/_4$ Mark = Ferding.

Pfund (lateinisch pundus) das, neben dem Gewichtspfund seit dem 7. Jahrhundert verwendete Zähleinheit für Silbermünzen: 1 Pfund = 240 Denare (Pfennige) bzw. 20 Schillinge.

Schilling, der, ursprünglich germanische Bezeichnung für den byzantinischen Solidus, seit dem 8. Jahrhundert wird der Schilling zur Bezeichnung für das Vielfache einer Silbermünze, seit der Mitte des 8. Jahrhunderts für 12 Denare (Pfennige). Seit dem 13. Jahrhundert Geldstück (12-Pfennig-Stück; auch Groschen genannt, als Geldstück erstmals 1266 in Frankreich ausgeprägt); seit dem 14. Jahrhundert Silbermünze (in Süd-, Südwest- und Norddeutschland) mit territorial unterschiedlichem Wert (6, 8,

Münzwesen im Mittelalter

11 Am Ufer der Aare ist eine Geldübergabe für die Steinlieferung dargestellt. Diepold Schilling, Spiezer Bilderchronik 1484 (Bern, Stadtbibliothek Mss. hist. helv. I, 81), siehe Abb. 85.

10 Pfennige, in Bayern: „langer Schilling" zu 30 Pfennigen). Der Münzvertrag von Basel 1387 führte den Schilling als Münze in der Schweiz ein, in Westfalen wurde er erst in der Mitte des 15. Jahrhunderts heimisch, in England erst seit dem 16. Jahrhundert.

Solidus (lateinisch „vollkommen") der, eine 309 von Kaiser Konstantin I. eingeführte Goldmünze im Wert von 1/72 römischen Pfund (4,54 g), bis zum Ende des Byzantinischen Reichs als Handelsmünze weit verbreitet. Der Solidus wird seit dem 10. Jahrhundert zum Schilling, in den lateinischen Urkunden und Rechnungsbüchern aber weiter als Rechnungsmünze notiert: 1 Solidus = 12 Denare (Pfennige). Französisch sous.

Sous → Solidus

Taler, der, 1486 in Tirol eingeführter silberner Gulden zu 60 Kreuzern (31,9 g), bald auch in der Schweiz und in anderen Münzstätten geprägt.

12 Die unfertige, mit Notdächern versehene Kirche besucht der Bauherr hier mit seinen Bauverwaltern. In diesem Bauzustand kann die Kirche schon für Gottesdienste benutzt und ihr Altar geweiht werden. Französische Handschrift 15. Jh. (London, British Library, Coton Ms. Aug. A V, fol. 416).

drohte, haben wir eingehend nachgedacht, wie wir auch dieses Übel abwenden und die ganze Kirche in besseren Zustand versetzen könnten. Und da Gott gutem Trachten immer hilft, so ist uns durch den Zuruf aller unserer Bürger ein guter Mann bezeichnet worden, welcher uns auch die Brücke als glänzendes Werk gebaut hat, der Laie Enzelin, dem wir die Verwaltung und Leitung für die Wiederherstellung und Ausschmückung unserer Kirche übertragen hatten in genugsam schöner und glücklicher Ordnung, so dass er, welcher Brücke und Weg zur Kirche hergestellt hatte, selbst auch durch die Wiederherstellung der Kirche zum königlichen Palast, d. h. zum himmlischen Palast, emporsteige. [...] Damit der vorgenannte Mann, der gute Enzelin, desto lieber die Verwaltung dieses Werkes [des Würzburger Domes] führe, so haben wir die Kapelle, die er selbst in unserer Vorstadt Bleichaha erbaut hatte, durch unsere Kraft frei gemacht und von der Pfarrei, zu der sie gehörte, so auf den Rat der Brüder abgelöst, dass das Volk, das um diese Kirche wohnt, daselbst einen eigenen Priester und ebenso Taufe wie Begräbnis für immer habe [...].“[7]

Enzelins Tätigkeit entsprach den Aufgaben des vor 1250 verstorbenen Kölner Kanonikers und Subdiakons Vogelo, „unter dessen Rat und Leitung (*consilium et magisterium*) der Neubau der Kirche [St. Kunibert in Köln, Ostteile 1222 und 1226/27 geweiht] begonnen und vorangetrieben worden ist.“ Der Begriff *magisterium* hat eine recht weit gefasste Bedeutung, wird aber vorrangig mit Bezug auf die Bau- und Finanzverwaltung verwendet. So hatte um 1097 Heinrich IV. dem Bischof Otto von Bamberg nach einem Bericht seines Biographen Ebbo die Finanzverwaltung (*operis magisterium*) des Speyerer Domes übergeben, weil die *magistri operis* große Mengen des Geldes betrügerisch in ihre eigene Tasche gesteckt hatten und so der Kirchenbau ins Stocken geraten war.

Das liebe Geld oder die Finanzierung

Auch in den Zeiten wirtschaftlichen Wohlstandes war es äußerst schwierig, das Geld für den Kauf der Baumaterialien und für den Lohn der Handwerker und Arbeiter zu beschaffen. Die ökonomische Grundlage des mittelalterlichen Baubetriebs, sowohl Geldmittel als auch Naturalien, die entweder unmittelbar verwendet oder durch Verkauf in Geld umgesetzt wurden, war ebenso heterogen wie die Formen der Finanzierung selbst vielfältig waren. Die Klöster waren in der Lage, durch Ansammlung und Konzentration ihrer Einnahmen ansehnliche Summen bereitzustellen. Anders war es bei Bischofs- und Stiftskirchen. In der Regel gaben der Bischof, die Kanoniker und die Stiftsherren nur geringe Summen aus ihrem Privatvermögen. Von größerer Bedeutung war die zeitweise oder dauerhaft erfolgende Übertragung einer oder mehrerer Pfründen bzw. Präbenden (finanzielle Ausstattung der einzelnen Pfarr- und Kanoniker-Stellen) an die *fabrica* sowie die Verpflichtung neu in das Kapitel aufgenommener Kanoniker, neben der Zahlung einer Aufnahmegebühr für eine gewisse Zeit auf ihre Einkünfte zu verzichten bzw. vakant gewordene Pfründen eine Zeit lang unbesetzt zu lassen. Der Neubau des Aachener Münsterchores wurde dadurch möglich, dass das Kapitel 1355 für die Dauer des Baus die Einkünfte einer vollen Kanonikerpfründe zur Verfügung stellte; der Propst verpflichtete sich für dieselbe Zeit zu einem gleich hohen Jahresbeitrag, der in erster Linie aus seinem Anteil an den Erträgen der drei im Paradies, vor dem Kreuzaltar und bei dem Predigtstuhl auf dem Kirchhof stehenden Opferstöcke gedeckt werden sollte. Auch wurde vielerorts von jenen, die innerhalb des Kirchenraumes begraben werden wollten, ein Geldbetrag verlangt. Von Bedeutung für die Finanzierung waren auch Kollekten, Vermächtnisse von Einzelpersonen und Opferstockgaben für den Bau sowie Ablässe, die denen gewährt wurden, die den Bau unterstützten. Da es sich nur teilweise um jährliche Einnahmen handelte, konnte der Mittelzufluss in die *fabrica*, die Finanzverwaltung und Kasse des Kirchenbaus, nachlassen, stocken oder unterbrochen werden wie z. B. 1233/35 durch die Auseinandersetzung zwischen den Bürgern und dem Bischof von Reims. Wenn die laufenden Einkünfte nicht ausreichten, mussten auch Wälder und Ländereien verkauft werden. Größere Spenden des Adels oder des Königs betrafen üblicherweise erst die Ausstattung der Kirche, insbesondere die Glasfenster.

Da häufig ein Brandunglück den Neubau notwendig machte, konnte dieses aufwühlende Ereignis die Spendenfreudigkeit der Bevölkerung anregen. So war nach dem verheerenden Brand in der Nacht vom 9. zum 10. Juni 1194, bei dem die Kathedrale und ein großer Teil der Stadt Chartres eingeäschert wurden, Frankreichs kostbarste Reliquie, die *sancta camisia*, das Hemd, das die Jungfrau Maria bei der Geburt ihres Sohnes umhüllt und das Karl III. aus Aachen nach Chartres geholt hatte, verschont geblieben. Diese wundervolle Rettung, die als Zeichen Gottes empfunden wurde, und das Entsetzen über den Großbrand bewirkten vor allem im Kronland der Kapetinger-Könige eine ungewöhnliche Begeisterung und Opferbereitschaft, angefeuert durch Predigten, Dank- und Bittprozessionen mit Wallfahrten zu dem Wunderort. So kamen in kurzer Zeit Geld, Material und Hilfskräfte zusammen, die den Neubau in der von etwa 10 000 Menschen bewohnten Stadt ermöglichten. 1221, nach 26 Jahren, konnten endlich die Kanoniker ihr Gestühl im Chor beziehen, der über der erhalten gebliebenen Krypta völlig neu gebaut werden musste. Mit dem Fortgang der Wiederaufbauarbeiten ließ aber auch in Chartres wie andernorts die „Begeisterung" und damit auch die Spendenbereitschaft nach.

Auch wurden wundertätige Reliquien der neu zu bauenden Kirche auf Reisen geschickt. Guibert, seit 1104 Abt von Nogent (gest. 1124), berichtet in seiner Autobiographie, dass im Jahre 1112, drei Monate nach dem Brand der Kathedrale von Laon, sieben Kanoniker und einige Laien mit kostbaren Reliquien (Teil des Hemdes der Jungfrau, ein Stück des bei der Kreuzigung verwendeten Schwammes und einem Teilchen des wahrhaftigen Kreuzes) von Laon durch Nordfrankreich von Ort zu Ort zogen und Spenden sammelten, die allerdings schnell für den Kirchenbau aufgebraucht waren.[8] So wurde eine zweite Reise im Frühling 1113 nach England unternommen. Über Arras und Saint-Omer erreichten die Kanoniker in Wissant die offene See. Bei der Überfahrt wurden sie von flämischen Tuchhändlern ausgeraubt und von Piraten angegriffen. Von Dover reisten sie nach Canterbury, Winchester, Salisbury und Exeter; nach sieben Monaten kehrten sie schließlich mit reichen Gaben nach Laon zurück. So wurden zusätzlich zu den eigenen Mitteln Summen zusammengetragen, die den Bauablauf beschleunigen konnten; am 29. August 1114 wurde die Kirche geweiht.

In Straßburg war es Brauch, dass Männer dem so genannten Frauenwerk, d.h. der Kirchenfabrik, Rock, Rüstung und Pferd vermachten, aus deren Erlös dann der Münsterbau mitfinanziert wurde. Die Rendite aus Grund- und Hausbesitz spielte bei der Finanzierung zumeist eine recht bescheidene Rolle, ebenso der Rentenkauf. Schließlich sind auch die Bruderschaften zu erwähnen, die seit dem 11. Jahrhundert nachgewiesen werden können. Der Zusammenhang zwischen Altarstiftungen und Bautätigkeit, wie er in der Kunstgeschichte gern zur Baudatierung herangezogen wird, erfordert größte Zurückhaltung, denn die Altarstiftung kommt dem Altar und seinem Kult, nicht der Baufinanzierung zugute; allein bei spätgotischen Seitenkapellen kann ein Zusammenhang vermutet werden.

Letztlich müssen alle Versuche, die Baukosten zu ermitteln, scheitern; nicht nur weil uns die Quellen wenig über die Höhe von Geldstiftungen und Kosten überliefern, sondern weil sie nie über den gesamten finanziellen Aufwand für einen bestimmten Bauabschnitt informieren und nicht erkennen lassen, was an Sachleistungen wie Materialstellung, Hand- und Spanndienst (Frondienst) und Verpflegung hinzukommt, zumeist ein sehr bedeutender Anteil an dem Aufwand für einen Bau. Wenn für die Sainte-Chapelle in Paris (Rohbau 1241–1245, Weihe April 1248) 40 000 Pfund touronische Solidi überliefert sind, während ein mittleres Haus in Paris 150 Pfund kostete, dann ist zu berücksichtigen, dass für den Bau der verhältnismäßig kleinen Kapelle fast nur hoch spezialisierte Fachkräfte – Steinmetzen für Profilsteine, Glaser und Maler – erforderlich waren und wir uns in der Mitte des 13. Jahrhunderts schon in einer Zeit befinden, in der die Entlohnung der Fachhandwerker vermehrt durch Geld und weniger durch Sachleistungen erfolgte. (Zum Geldwert siehe Seite 28 f.) Die Baukosten für die Kapelle waren jedoch vergleichsweise niedrig, wenn man bedenkt, dass König Ludwig IX. für eine kostbare Reliquie, die Dornenkrone Christi, 135 000 Pfund dem byzantinischen Kaiser Baudouin II. gezahlt hat. Vor 1098 sind für den Bau der Kirche Altenburg am Neckar bei Tübingen sowie für den Bruch der Säulen und ihre Herbeischaffung 120 und mehr Pfund Silber, die von überallher gesammelt wurden, bezahlt worden. Über die Baukosten im Einzelnen informieren seit dem 13. Jahrhundert erhaltene Rechnungsbücher.

Eine interessante Aufschlüsselung der Baukosten ist für den Neubau der Stadtpfarrkirche St. Dewald in Zug/Schweiz überliefert. Unter der Leitung des Zuger Stadtpfarrers Johannes Eberhart als *magister fabricae* hatte die Kirchenfabrik dort in den Jahren 1478–1486 rund 3943 Gulden (= 40 Schillinge zu 12 Pfenningen) aufgebracht;[9] davon etwa 29 Prozent die Stadt Zug und drei Prozent die zum Amt gehörenden Gemeinden Baar, Aegeri und Mensingen. Obwohl es sich bei der Kirche um eine städtische Pfarrkirche handelte und der Zuger Rat die Bauherrschaft innehatte, versuchte die Stadt den eigenen Finanzhaushalt möglichst gering zu belasten. 68 Prozent der Gelder stammten aus Stiftungen von rund 600 in den Bauabrechnungen namentlich aufgeführten großen und kleinen Einzelstiftern aus Zug und Umgebung, nur acht Prozent der Stiftungen kamen aus den Opferstöcken und Kollekten anlässlich verschiedener Feiern. Die Stadt Zug stellte zudem einen sehr großen Anteil an den Baumaterialien zur Verfügung: Kalk aus dem städtischen Kalkturm, Sand- und Tuffsteine sowie alles Bau- und Gerüstholz aus städtischen Ressourcen; auch die Hälfte der Backsteine und Ziegel wurde von der Stadt Zug bezahlt.

III. Der Werkmeister

13 Das Blatt aus den „Grandes Chroniques de Saint-Denis" zeigt den Bau einer gotischen Kirche im 14. Jahrhundert. Der Bauherr mit seinen Bauverwaltern lässt sich vom Werkmeister über den Baufortschritt informieren. Links schlagen Steinmetzen Pfeilerprofile, Maßwerk und Quader (Spitzfläche, Richtscheit, Winkel für den Quader, Schlageisen und Klöpfel für den Profilstein). Rechts unten mischt ein Mörteler Mörtel, der mit einem „Vogel" über eine Leiter auf das Bockgerüst getragen wird, wo ein Steinmetz die Quader versetzt. Im Inneren steht ein Galgenkran, der eine Holztrage mit einem Quader aufzieht (Toulouse, Bibliothèque municipale, Ms 512, fol. 96.).

Aufgabenverteilung in der fabrica

Die praktische, technische Bauausführung bestimmte und leitete ein Baumeister, in den mittelalterlichen Quellen *magister operis* oder *magister fabricae* – wie der Bauverwalter – genannt, in deutscher Übersetzung Werkmeister, auch *artifex* (Kunstfertiger).[1] Er war ein Maurermeister (*magister caementarii*) oder Steinmetzmeister (*magister lapicidae* oder *sculptor*), der während der Wanderschaft auf zahlreichen größeren Baustellen durch persönliche oder mündlich überlieferte Erfahrungen praktische Kenntnisse gesammelt hatte (Abb. 3, 18, 82, 95). Der Maurer bzw. Werkmeister wird auch als *architectus* bezeichnet, denn er hat das gemauerte Fundament für die Kirche erstellt, wie Bischof Isidor von Sevilla (570–636) in seinen *Etymologiae* und ihm folgend der Mainzer Erzbischof Hrabanus Maurus (780–856) in *De universo* mit Bezug auf das Paulus-Wort schreiben: „Architekten aber sind Maurer, die in den Fundamenten planen."[2] Und Thomas von Aquin folgert daraus in seiner 1259–1264 in Paris geschriebenen *Summa contra gentiles*: „Deswegen nehmen auch die Kunstfertigen (*artifices*), die als Architekten bezeichnet werden, den Namen Weise für sich in Anspruch."[3] Nach dem 2. Buch der Makkabäer (2,30) ist der Architekt aber auch für den gesamten Hausbau verantwortlich. Das Gleiche ist der ausführlichen Aufgabenbeschreibung des Architekten (*architectus*) in dem seit dem 9. Jahrhundert in Abschriften bekannten Werk des römischen Architekturtheoretikers Vitruv „Zehn Bücher über Architektur" (*De architectura libri decem*) zu entnehmen. Entsprechend berichtet der Mönch Lantbert von Lüttich um 1050, dass der Kölner Erzbischof Heribert 1003 aus fernen Ländern *architecti* für den Wiederaufbau seiner eingestürzten Deutzer Kirche besorgt hat;[4] und der Bamberger Mönch Herbord schreibt 1159 in seiner Vita des Bamberger Bischofs Otto, dass Kaiser Heinrich IV. 1102 beim Umbau des Speyerer Domes „alle klugen und fleißigen Architekten seines Reiches" beschäftigt habe.[5] Die Herkunft des Architekten bzw. Werkmeisters aus dem Handwerk bringt es im frühen und hohen Mittelalter – aber wohl auch später – mit sich, dass er ein *vir illitteratus* ist, d. h., er kann kein Latein; in der Regel kann er auch nicht lesen und schreiben.

Den Aufstieg eines Maurers und Zimmermanns zum Werkmeister stellt die Vita des Paderborner Bischofs Meinwerk (1009–1036), die Konrad, Abt des Klosters Abdinghof in Paderborn, zwischen 1155 und 1165 abgefasst hat, in wenigen Worten dar: „Als aber die Werktätigen tüchtig am Bau [des Paderborner Domes 1009–1015] beschäftigt waren, kam eines Tages ein Unbekannter, der den dabeistehenden Bischof demütig grüßte und ihm ergeben seinen Dienst antrug. Als ihn der Bischof fragte, in welcher Fertigkeit dieser Dienst bestehe, gab er an, Maurer und Zimmermann (*caementarius et carpentarius*) zu sein; und bald wurde ihm vom Bischof befohlen, einen Nagel herzustellen, der gerade für eine Holzverbindung gebraucht wurde. Als der mit großer Schnelligkeit und raschen Handgriffen angemessen und passend gefertigt war, wurde er den Arbeitenden als Mitarbeiter beigestellt, und nachdem er durch sein Fachwissen (*artis suae scientia*) als tüchtig anerkannt und durch jegliche Erfahrung ausgewiesen war, wurde er vom Bischof dem ganzen Werk vorgestellt. Als er wenig später starb, bereitete der Bischof seinem Ankömmling ein würdiges Begräbnis; er ließ ihm in der Krypta neben der Mauer

14 Geometrisch bestimmtes Maßwerk („gemessenes Werk") wird mit Zirkel und Richtscheit auf dem Reißboden in natürlicher Größe aufgerissen und danach angefertigt. Saint-Germain-en-Laye bei Paris, königliche Schlosskapelle, Südansicht, um 1238 begonnen.

ein Grabmal errichten und legte an seinem Kopf seine Kelle und seinen Hammer nieder zur Erinnerung für die Späteren."[6]

Die Aufteilung der Zuständigkeiten von Bauherr, Bauverwalter und Werkmeister wird in einem Vertrag von 1261 für den Bau der Klosterkirche von Saint-Gilles-du-Gard in der Provence dargelegt.[7] Guillaume de Sieure, Abt des Klosters, und Valentin de Mirabello, Bauverwalter (*operarius*) dieses Klosters, auf der einen Seite und Meister (*magister*) Martin de Lonay, Einwohner von Posquières (Vauvert bei Nîmes), auf der anderen Seite treffen eine Vereinbarung „über das Gebäude, über die Konstruktion oder die Durchführung, sowie über die Vorbereitung und die Anordnung zur Errichtung der Kirche". Meister Martin, dem die Bauleitung übergeben war, hat sich auf mündliches oder schriftliches Geheiß des Abtes, des Bauverwalters oder eines anderen zwischen dem Fest des heiligen Michael (29. September) und Pfingsten beim Bau einzufinden. Als Lohn werden ihm für jeden Arbeitstag elf touronische Solidi versprochen; er darf außerdem an der Tafel des Abtes teilnehmen mit genauer Aufzählung der ihm zustehenden Speisearten und Mengen, die er auch dann bekommt, wenn er außerhalb des Klosters essen will. Jährlich erhält er zu Pfingsten 100 touronische Solidi für ein Gewand. Die Dauer der Abmachung erstreckt sich bis zur Fertigstellung der Kirche. Die Umrechnung der einzelnen Geldangaben ist kaum möglich. Jedoch ist im Vergleich festzustellen, dass der Werkmeister als Tagelohn ebenso viel oder kaum mehr als ein Steinmetz bekommt.

Ähnliche Vereinbarungen enthält der Vertrag vom 28. November 1286 für Jean Deschamps als obersten Werkmeister der Kathedrale von Narbonne.[8] Mit der Zustimmung der obersten Baudirektoren stellt der Bauverwalter Raymond de Céret als obersten Baumeister Jean Deschamps ein; er erhält für jeden Tag, den er anwesend ist, drei Sous, zuzüglich 100 Sous für den Unterhalt seines Hauses und jährlich 10 Livres (1 Livre = 20 Sous, siehe Seite 28 f.) für Kleidung. (Ein Zugpferd kostete 14 – 20 Livres, ein Reitpferd etwas weniger.)

An diesen Belegen ist die Zweiteilung der Leitungsfunktion einer Großbaustelle deutlich zu erkennen: Es gibt einen technischen Bauleiter, der als erfahrener Handwerksmeister auf der Baustelle mitarbeitet, wie Gervasius von Canterbury für den Werkmeister Wilhelm von Sens berichtet (siehe Seite 18 f.), und einen administrativen Bauleiter, der für die Finanzverwaltung und Organisation zuständig ist und aus dem Konvent oder städtischen Rat für ein- oder mehrjährige Tätigkeit in das Amt gewählt wird. Diese Organisation ist seit dem 9. Jahrhundert durch das ganze Mittelalter nachweisbar.

Der Werkmeister als Unternehmer – Leistung und Lohn

Seit der Mitte des 13. Jahrhunderts ist erkennbar, dass die Werkmeister auf mehreren Baustellen gleichzeitig arbeiten, nicht zuletzt wegen des finanziellen Anreizes. Diese Praxis konnte dem Baufortschritt auf den einzelnen Baustellen durchaus abträglich sein, und die Bauherren waren daher bestrebt, dem einen Riegel vorzuschieben oder zumindest ein vertragliches Veto. Der Vertrag mit dem Meister Gautier de Varinfroy vom Oktober 1253 enthält daher einen Passus mit der Bestimmung, dass die Erlaubnis des Kapitels von Meaux notwendig ist für den Fall, dass Gautier zusätzlich eine Baustelle außerhalb des Bistums annehmen möchte: „Wir [Bischof, Dekan und Kapitel von Meaux] machen bekannt, dass wir Meister Gautier de Varinfroy aus der Diözese Meaux die Bauarbeiten unseres Kirchenbaus übergeben haben unter folgenden Verabredungen: er selbst soll für jedes einzelne Jahr zehn Pfund bekommen, solange wir und unsere Nachfolger und das genannte Kapitel zustande bringen, an besagter Baumaßnahme zu arbeiten. Und wenn es sich fügt, dass ihn lange oder dauernde Krankheit befällt, so dass er nicht arbeiten kann, dann soll er die genannten zehn Pfund nicht erhalten. Ebenfalls soll er drei Solidi für jeden Tag empfangen, an dem er an besagter Baumaßnahme arbeitet oder im Dienste der Baumaßnahme geschickt wird, und er soll ohne unsere Erlaubnis kein anderes Werk außerhalb unseres Bistums annehmen. Ferner soll er das Holz haben, dem sie keine Verwendung für das Bauwerk zuweisen können, und er darf nicht auf die Baustelle von Evreux oder an einen anderen Ort außerhalb der Diözese von Meaux mehr als zwei Monate gehen oder [dort] verweilen, es sei denn mit Erlaubnis des Kapitels. Und er ist verpflichtet, sich in der Stadt Meaux aufzuhalten, und er schwört, dass er treulich an der oben genannten Baumaßnahme arbeitet und der oben genannten Baumaßnahme treu sein wird.“[9]

Aus einer Vielzahl von überlieferten Verträgen mit Werkmeistern ist deren unterschiedliche Art und Höhe der Besoldung erkennbar. 1129 forderte der Werkmeister Raymond vom Erzbischof von Lugo (Nordspanien) pro Jahr 6 Mark Silber, 36 Meter Stoff, 17 Ladungen Holz, so viele Schuhe und Gamaschen, wie er brauchte, 2 Sous für Nahrungsmittel, 1 Maß Salz und 1 Pfund Kerzen.[10] Als Jahresrente für den persönlichen Be-

15 Bau der Kirche von Saint-Denis, Buchmalerei in einer französischen Handschrift. Der König besucht die Baustelle; Steinmetzen, Materialtransport und der Aufbau der Kirche werden gezeigt, 15. Jh. (Paris, Bibl. Nat. ms. fr. 2609, fol. 60^{v}).

darf sind beispielsweise überliefert sieben Malter Getreide, 30 Scheffel Gerste, ein Malter Käse und ein Schinken. Ein Bürger samt Ehefrau hatte 1118 einen Leibrentenvertrag ausgehandelt: Sonntag, Dienstag und Donnerstag zwei Roggenbrote, ein Weizenbrot, zwei Krüge Bier, zwei Stück Fleisch mit Gemüse oder Hülsenfrüchte; Montag, Mittwoch und Donnerstag zwei Roggenbrote, ein Weizenbrot, zwei Krüge Bier, ein Käse und am Freitag zwei Gerichte, davon eines wohl Fisch. Als Armenkost galt täglich ein Brot, drei Krüge Bier, drei Heringe. In der Chronik Mencos, des dritten Abtes des Prämonstratenserklosters Wittewierum bei Groningen, findet sich, 1248 niedergeschrieben, eine interessante Ergänzung, aus der zu entnehmen ist, dass der Lohn im Winter – bei kürzerer Arbeitszeit wegen der früher einsetzenden Dunkelheit – deutlich niedriger ausfiel: „In demselben Jahr, nämlich dem Jahr des Herrn 1238, dem dritten Jahr seit dem Beginn des aus Backsteinen gebauten Werkes, kam genannter Abt in den Garten der heiligen Maria und führte dorthin auf den Rat des Herrn Abtes Sibrand den in der Steinmetzkunst erfahrenen und in Köln geborenen Meister Everard, um die neue Kirche im Blühenden Garten zu errichten, nachdem sein Lohn bestimmt war, nämlich dass er außer der Kost im Sommer täglich sieben deventrische Stüber, im Winter aber, von St. Martin bis Lichtmess, drei erhalte und während dieser Zeit sitze, um Backsteine zu schneiden, aber nachteilig genug wegen der Kürze der Tage und der Dunkelheit des Himmels."[11] Dieser Vertrag wurde jedoch später „wegen seiner und seiner Söhne unerträglichen Gefräßigkeit" umgeändert, so dass er jährlich 24 Pfund und täglich zwei groningische Unzen erhielt. Seine Aufgabe war die ordnungsgemäße Fundamentierung der Kirche.

Die Provisoren der Marienkirche zu Wismar schlossen mit Meister Johann Grote 1339 einen Vertrag ab „zum Planen, Verwalten und Mauern des Chores und der Kirche bis zu deren Vollendung".[12] Er erhält dafür ein Jahresgehalt von 6 Lübecker Mark und 6 Ellen schönen Stoffes und für jeden Tag, „an dem er persönlich mit der Kelle mauert", 20 Denare; wenn er aber abwesend ist und so nicht für den Kirchenbau sorgen kann, bekommt er auch kein Jahresgehalt. Wenn aber der Bau während des Winters ruht, dann dürfen die Provisoren ihn in jenem Jahr nicht von anderer Arbeit abhalten. Von Meister Grote stammen die Hauptteile des 1353 geweihten Chores. Er wird zuletzt 1366 urkundlich erwähnt, d.h., er hat fast 30 Jahre in Wismar gearbeitet.

Neben Verträgen, die die Anstellung eines Werkmeisters auf Zeit oder auf Dauer betreffen, gibt es auch Verträge zwischen Bauherrn und Werkmeister, die die Ausführung einer einzelnen, nach Umfang und Aufwand überschaubaren Baumaßnahme regeln und die Leistungen des Werkmeisters als Unternehmer spezifizieren. So lautet ein Vertrag, den Aldebert, Abt des Klosters Lérins, über einen Turmbau mit dort tätigen Meistern abgeschlossen hat und der sich auf 1073/88 bezieht: „Diese Vereinbarung haben der Abt und die Meister über das Werk des Turmes gehabt, dass der Abt den Meistern 50 Solidi bezahlt; und sie selbst müssen fünf Fuß ausführen, und so bis zur Vollendung des Werkes. Es muss gemacht werden, wie zuvor gesagt ist, fünf in der Höhe und in der Dicke eines Rohres, wo es genauer wird. Über das Fundament ist in der Tat so angeordnet: wenn sie drei Fuß unten in die Erde eindringen sollten, müssen die Meister es ganz vollenden; wenn aber vier, dann möge der Abt ein und die Meister drei durchführen. Für das Ziehen der Steine, für das Ochsen angemessen sind, ist der Abt verpflichtet zu sorgen; das Kloster ist verpflichtet, das Holz zu fällen und bis zum Ofen zu transportieren.

Das übrige müssen die Meister ergänzen. Auch ist das Kloster verpflichtet, allen Meistern wie jedem Mönch Speise im Refektorium zu geben."[13]

Der Steinmetzmeister Heinrich bekommt 1367 als Werkmeister des Halberstädter Domes wöchentlich 6 Solidi, einerlei ob sechs Tage oder weniger gearbeitet wurde, außerdem Ostern, Johannis und St. Gallus eine Stendalsche Mark als *salarium*, auf Maria Magdalena $^1/_2$ Ferding ($^1/_8$ Mark) für Stiefel und 8 Pfennig für Handschuhe, an St. Gallus 3 Ferding ($^3/_4$ Mark) für einen Rock und am Schluss der Arbeit am 6. November eine Mark als Trinkgeld.[14] Dagegen erhält Magister Enghelbert als Werkmeister des Chores am Aachener Münster 1400/01 weniger Sachleistungen, außer dem Tagelohn von 8 Solidi im Sommer und 6 Solidi im Winter, der dem eines Steinmetzgesellen entspricht, ferner steht ihm ein festes Jahresgehalt von 50 Aachener Mark zu und $4^1/_2$ Ellen Tuch nebst Pelzbesatz im Gesamtwert von 17 Mark 3 Solidi.[15] In Straßburg stehen dem Werkmeister im 15. Jahrhundert als Sachleistung zu: 1000 Krautköpfe für Sauerkraut, 20 Viertel Korn, 1 Fuder (ca. 1200 l) Wein, 4 – 8 Fuder Brennholz, nach Fronleichnam ein Gewand, zu Ostern Lämmer und Eier, zu Weihnachten Hosen, Säckel, Handschuhe und seidene Hauben für seine Frau.[16]

Niclas Velbacher, Werkmeister der Kirche von Admont (Steiermark), und seine Frau erhalten in der Mitte des 15. Jahrhunderts den alten Werkhof nebst Garten bei der Pfarrkirche von Admont auf Lebenszeit, dazu Anspruch auf die Kost eines Stiftsherrn, nämlich täglich einen halben Herrentrunk Wein, drei Stück Käse und ein Brot im Werte von zwei Pfennigen; in der Fastenzeit 24 Pfund Öl; am Namenstag des Meisters ein Schwein und ein halbes Pfund Pfennige. Dazu kam ein Jahressold von 24 Pfund Pfennigen. Im Falle der Arbeitsunfähigkeit werden ihm Wohnung, Herrenpfründe und ein Ruhegehalt von 10 Pfund Pfennigen zugesichert.

Das Jahresgehalt richtete sich nach dem Ansehen des Meisters. So erhielt der ruhmreiche Madern Gerthener in Frankfurt 1428 einen Jahreslohn von 40 Gulden, während sein Nachfolger im Amt nur 20 Gulden und ein Kleid bekam. Auch ist überliefert, dass der Jahreslohn steigen konnte; am Baseler Münster erhielt der Werkmeister Johannes von Worms als Jahreslohn anfangs 5 Gulden, dann 1436 10 Gulden und 1442 – 1446 jeweils 15 Gulden bzw. Pfund, dazu wöchentliche Bezahlung seiner am Bau verdienten Tagelöhne. Die Werkmeister gehörten zu den Großverdienern unter den Handwerkern in mittelalterlichen Städten. Dies galt insbesondere, wenn sie mehrere Baustellen gleichzeitig betreuten. Für jede zusätzliche Tätigkeit sowie für Wegzehrung, wenn sie in die Steinbrüche oder zum Holzkaufen fahren mussten, bekamen sie zudem weitere Gelder.

Die Stellung des Werkmeisters im späteren Mittelalter

Im Verlauf des 13. Jahrhunderts änderte sich die Stellung der Werkmeister auf der Baustelle. So schreibt Thomas von Aquin 1269 in Paris: „Es muss aber bedacht werden, dass bei jedem beliebigen Kunstwerk in einfacher Weise derjenige, der in Bezug auf das Kunstwerk Anweisungen vornimmt und *architector* genannt wird, besser ist als irgendein Handwerker, der an dem Werk ausführend handelt gemäß dem, was ihm von einem anderen angewiesen wird, weshalb zum Bau von Gebäuden derjenige, der Anweisungen bezüglich des Gebäudes vornimmt, wenngleich er nichts mit den Händen arbeitet, sich um einen höheren Lohn verdingt als die handwerklich Kunstfertigen, die Hölzer behauen und Steine schlagen."[17] Entsprechend lästert der Franziskanermönch Nicolaus de Byard 1261: „Die Maurermeister, Messstab und Handschuhe in den Händen, sagen zu den anderen: Schlage mir dieses, und sie arbeiten nicht; und dennoch erhalten sie einen größeren Lohn." In den *Distinctiones*, die ebenfalls Nicolaus de Byard zugeschrieben werden, heißt es: „Auf diesen großen Bauten pflegt ein Hauptmeister zu sein, welcher nur durch das Wort anordnet; selten oder niemals legt er Hand an, und doch erhält er einen höheren Lohn als die anderen."[18]

Die hier charakterisierte Stellung der Werkmeister war das Ergebnis eines tief greifenden Strukturwandels, zu dem Geldwirtschaft, Arbeitsteiligkeit in den Städten, zahlreiche technische Innovationen und eine entwickelte Laienkultur in Europa geführt hatten. Die starre gesellschaftliche Ordnung, die Stellung eines jeden in der theologisch bestimmten Weltordnung, löste sich auf. Im Verlauf dieser Entwicklung gewann im 13. Jahrhundert auch der Handwerksmeister, der *artifex* oder *magister lapicidae*, als technischer Bauleiter Ansehen und Einkommen. Die Werkmeister zählten aber weiterhin zu den Handwerkern, so auch Peter Parler (1330/33 – 1399), der berühmte Werkmeister des Prager Doms (Abb. 16), oder in Frankreich die Brüder de Damertin (gest. 1398 und 1411) und in England Henry Evele (1320/30 – 1400) und William Wynford (gest. 1405/10); das ändert sich auch noch nicht im 15. Jahrhundert.

Leon Battista Alberti erläutert 1452 zu Anfang seiner *Zehn Bücher über Architektur*, wen er für einen Architekten hält: „Die Hand des Handwerkers dient ja dem Architekten als Werkzeug. Ein Architekt wird der sein, behaupte ich, der gelernt hat, mittels einer bestimmten und bewundernswerten Planung und Verfahrensweise sowohl in Verstand und Geist zu bestimmen als auch in der Tat auszuführen, was unter der Bewegung von Lasten und der Vereinigung und Zusammenfügung von Körpern den hervorragendsten menschlichen Bedürfnissen am besten entspricht und dessen Erwerbung und Kenntnis unter allen wertvollen und besten Sachen nötig ist."[19] Schon 1276 formuliert Heinrich von Gent: „Das Werk des Architekten unterscheidet sich von dem Werk des Kunsthandwerkers. Der Architekt nämlich lehrt die Regeln der zu machenden [Dinge], die der Kunsthandwerker auf das Werk überträgt nach den ihm überlieferten Regeln, deren Methoden er häufig nicht kennt."[20]

Bei der Planung eines Neubaus setzte der Werkmeister seine auf anderen Baustellen erworbenen Erfahrungen ein und nutzte andere Bauten als Vorbild. Als sich die Kanonissen des Stiftes Sainte-Waudru in Mons zu einem Neubau entschlossen hatten, bezahlten sie am 5. März 1449 den Stadtbaumeister von Valenciennes, Michael de Rains, für zwei auf Pergament gezeichnete Risse (mit Richtscheit, = Lineal, und Zirkel aufgetragene Zeichnung); auf Samstag, den 2. März, hatten sie neben Michael de Rains noch Jean Huwellin, Steinmetz von Haynnau, Jehan Le Fèvre, Steinmetz von Mons, und den Zimmermeister Helluin de Sars zur Beratung eingeladen. Sie blieben vier Tage, um über die Neubauplanung zu beraten.[21]

Zudem bediente sich die Bauherrschaft auswärtiger Gutachter, häufig in einer größeren Zahl wie z. B. in Mailand (siehe Seite 78 – 83). Als der Werkmeister des Straßburger

Münsters Ulrich von Ensingen am 10. Februar 1419 gestorben war und ein Nachfolger bestimmt werden musste, wurde der Läufer Christian *zu den von wurtenberg* und der Läufer Benhem nach Frankfurt geschickt, beide *von einß wergmeisters wegen*.[22] Im Juni reiste der Läufer Christian in gleicher Angelegenheit noch nach Freiburg und Schlettstadt. Am Johannistag (24. Juni 1419) traten die Werkmeister zusammen; es waren *Maternen von Franckenfurt, Jorgen des von Wirtenberg meister, Erhart Kindelin von Sletzstad*, die vom Frauenwerk bezahlt und bewirtet wurden und, als sie abfuhren, auch noch eine Wegzehrung erhielten. Eingestellt wurde schließlich Johann Hültz, der am Straßburger Münster als Parlier (= stellvertretender Werkmeister, heute Polier genannt) gearbeitet hatte. Wie dieser so waren auch andere Werkmeister nachweislich erst als Parliere tätig, bevor sie aufgrund langjähriger praktischer Erfahrungen als Werkmeister berufen wurden. Im 14. und 15. Jahrhundert stand dem Werkmeister als Helfer und Stellvertreter in der Hütte und auf der Baustelle ein Parlier zur Seite. Am Prager Dom waren 1377 vom 10. Mai bis 29. August sogar zwei Parliere beschäftigt, der zweite zog dann weiter.

16 Werkmeister Peter Parler, (1330/33 – 1399) Büste im Chortriforium des Prager Doms.

Dem Kölner Dombaumeister Gerhard, dem allgemein die Planung und Ausführung des ersten Bauabschnitts des Neubaus ab 1248 zugeschrieben wird, überließ 1257 das Kölner Domkapitel wegen seiner Verdienste um die Domkirche in Erbpacht ein besonders großes Grundstück mit einem großen Steinhaus, das Meister Gerhard aus eigenen Mitteln gebaut hat.[23] Aus der undatierten Durchführung (vor 1302) seiner testamentarischen Bestimmungen über das Steinhaus in der Marzellenstraße erfahren wir, dass das Haus so groß war, dass es in vier Wohnungen geteilt werden konnte. Aus der Nachlassregelung ist ferner zu entnehmen, dass Gerhard drei weitere Häuser in der Marzellenstraße besaß. Hausbesitz bei einem eindeutig als Handwerksmeister charakterisierten *magister* ist auch sonst seit dem 13. Jahrhundert mehrfach bezeugt. Auch der Werkmeister der Pariser Kathedrale, Pierre de Montreuil, wird 1247 in Saint-Denis und 1265 in Paris im Zusammenhang mit Grunderwerb genannt; ferner ge-

17 Werkmeister Matthias von Arras, (gest. 1352) Büste im Chortriforium des Prager Doms.

hörten ihm mehrere Grundstücke und ein Steinbruch.[24] John of Gloucester, Baumeister des englischen Königs, besaß bei seinem Tod 1260 ein Haus in Puck Lane, beim Nordtor der Stadt Gloucester, ein Gut in Bletchington in der Grafschaft Oxford, ein Haus in Bridgeport in Dorset, Ländereien im Süden von London, zwei Häuser in Oxford und ein Geschäft bei den Tuchhändlern von Gloucester.[25] Der Hausbesitz zeugt von einer recht hohen sozialen Stellung der Werkmeister.

Mit dem Aufkommen von Bauplänen seit der Mitte des 13. Jahrhunderts (siehe Seite 49f.) wird die Leistungseffizienz gesteigert und der Baumeister von der täglichen Anwesenheit auf der Baustelle freigestellt; damit wird ihm auch die Möglichkeit gegeben, weitere Bauten zeitgleich zu planen und zu beraten, wie es sich u. a. für Pierre de Montreuil und Jean Deschamps und seine Familienmitglieder (1248 – 1357) in Schriftquellen und Bauten nachweisen lässt. Peter Parler (Abb. 16), dem Kaiser Karl IV. 1353 oder 1356 die Leitung des Dombaus zu Prag als Nachfolger des 1352 verstorbenen Franzosen Matthias von Arras (Abb. 17) übergeben hatte, war damals erst 23 Jahre alt und blieb 40 Jahre ununterbrochen Werkmeister am Dom; schon bald übernahm er daneben weitere Bauaufgaben: die steinerne Moldaubrücke (1357), die Allerheiligenkapelle auf dem Hradschin (1370) und die Pfarrkirche St. Bartholomäus in Kolin an der Elbe (1360). Am Prager Dom erhielt er ein festes Jahreseinkommen von mindestens 45 Schock 32 Groschen, dazu je 4 Schock für ein Sommer- und ein Winterkleid, 2 Schock für Brennholz und freie Wohnung. 1360 bis 1366 war er Schöffe des Hradschin. Bis 1383 hatte er mindestens fünf Häuser auf dem Hradschin erworben. Die Bildnisbüsten von Peter Parler und Matthias von Arras befinden sich zusammen mit den Stiftern und Bauherren Kaiser Karl IV. und Kaiserin Anna sowie den Baudirektoren Nikolaus Hobuletz und Wenzel von Radetz im Triforium (= Laufgang über den Mittelschiffarkaden) des Prager Doms.

18 Grabplatte des Hugues Libergier, Werkmeister von Saint-Nicaise in Reims, gestorben 1263, angefertigt Ende 13. Jh. (heute in der Kathedrale von Reims). Der Werkmeister ist mit Hemd, Mantel und Mütze gekleidet; er hält vor seiner Brust das Kirchenmodell und in der linken Hand die Messlatte. Neben seinen Füßen liegen Richtscheit (Winkel) und Stechzirkel, mit denen der Bauplan gezeichnet wird.

Zeitgleich mit der Entwicklung zu einer angesehenen persönlichen Stellung treten in der zweiten Hälfte des 13. Jahrhunderts Grabplatten mit Namensnennung auf, wie die des Werkmeisters der Klosterkirche Saint-Nicaise in Reims, Hugues Libergier (gest. 1263, Abb. 18), die vermutlich erst Ende des 13. Jahrhunderts angefertigt worden ist, oder die des Guerin aus der Pfarrkirche Saint-Marcel in Saint-

Denis, vermutlich drittes Viertel des 13. Jahrhunderts.[26] Am Straßburger Münster befindet sich eine Inschrift für Erwin von Steinbach. Auch werden nun Werkmeister mit Namen in Schriftquellen und auf Bauteilen genannt, z. B. Gislebert auf dem Tympanon der Kathedrale in Autun oder Durand um 1233 auf einem Schlussstein der Kathedrale von Rouen. Auch auf Fußbodenlabyrinthen mit Bezug auf den sagenhaften Architekten Dädalus, der das Labyrinth von Knossos auf Kreta gebaut haben soll, werden sie verewigt. Die Inschrift auf dem nicht mehr erhaltenen Labyrinth in der Kathedrale von Amiens ist überliefert: „Im Jahre des Herrn 1220 wurde das Werk dieser Kirche begonnen. Der Bischof dieser Diözese war damals Evrard, der König von Frankreich war Ludwig, der Sohn Philipps des Weisen. Der Werkmeister hieß Meister Robert de Luzarches, nach ihm kam Thomas de Comont und nach diesem sein Sohn Renaud, der diese Inschrift im Jahr der Fleischwerdung 1288 anfertigen ließ." Um 1285 gibt das Labyrinth in der Kathedrale von Reims die Werkmeisternamen für die Zeit 1211 – 1286 an: Gaucher de Reims, Jean de Loup, Jean d'Orbais und Bernard de Soissons. Pierre de Montreuil, der auf seinem Grabstein 1267 in der Marienkapelle von Saint-Germain-des-Prés in Paris *doctor lathomorum* genannt wird, ließ sogar zum Gedenken an seinen 1258 verstorbenen Vorgänger Jean de Chelles auf dem Sockel am Südquerschiff der Pariser Kathedrale eine 10 Meter lange und 8 Zentimeter hohe Inschrift einmeißeln: „Im Februar 1257 wurde dieses begonnen [...] von dem [damals noch] lebenden Steinmetzmeister Johann."[27]

Zeichnungen und Baupläne: Risse und Visierungen

Für uns ist es heute selbstverständlich, dass der Architekt Zeichnungen des geplanten Bauwerks anfertigt, die maßstäblich verkleinert und mit Maßangaben versehen sind. Diese gibt er auf die Baustelle, damit die Handwerker danach den Rohbau erstellen und den Ausbau vornehmen können. Das trifft für das Mittelalter nicht zu. Erst in der Mitte des 13. Jahrhunderts kommen proportionsgerechte Zeichnungen auf; einen mit einem Maßstab versehenen Plan kennt man erst seit der Renaissance, also seit dem 15./16. Jahrhundert. „Der im Geist [des Baumeisters] konzipierte Bau" (*opus in mente conceptum*) wird unmittelbar auf der Baustelle aufgemessen. Allein grobe Skizzen auf Wachstäfelchen zeigen den ungefähren Grundriss, und kleine Wachs- oder Holzmodelle vermitteln dem Bauherrn und den Geldspendern eine sehr allgemeine Vorstellung.

Noch 1464 schreibt der italienische Goldschmied und Architekt Filarete (um 1400 – 1469) in alter Tradition in seinem Traktat über die Architektur: „Der Bauherr überträgt nämlich seinen Gedanken auf den Baumeister; dieser nimmt ihn auf und entwickelt ihn bei sich wie eine Frau das empfangene Kind, monatelang; und gleich wie die Frau endlich gebiert, so bringt auch er den Baugedanken, und zwar in Gestalt eines Holzmodelles, zur Welt. Letzteres wird nun mit unendlicher Sorgfalt behandelt, wie ein Neugeborenes von der Amme; etwas später, wenn einem Kind Lehrer gegeben werden, sucht der Architekt nach tüchtigen Handwerkern für seinen Bau, natürlich in Übereinstimmung mit dem Bauherrn, als dem Vater desselben."[28]

Auch Alberti (1404–1472) beschreibt in seinem zwischen 1443 und 1452 verfassten Buch *De re aedificatoria* die Bedeutung der Zeichnung noch ohne Hinweis auf Maßstäblichkeit: „Das ganze Bauen setzt sich aus den Rissen (*lineamenta*) und der Ausführung (*structura*) zusammen. Bedeutung und Zweck der Risse sind, den richtigen und klaren Weg zu zeigen, die Linien und Winkel aneinander zu passen und zu verbinden, in welchen die Erscheinung des Bauwerks inbegriffen und eingeschlossen ist. Ferner sind es Aufgabe und Bestimmung der Risse, den Gebäuden und den Teilen der Gebäude den geeigneten Platz und die bestimmte Anzahl, das richtige Maß und die angemessene Ordnung vorzuschreiben, so dass schon die ganze Form des Gebäudes und Figur in eben diesen Rissen festgelegt ist. Auch ist der Riss nicht an das Material gebunden, [...]. Man kann also die Formen allein nach Belieben im Geist und Verstand vorzeichnen ohne Rücksicht auf das Material. Dies tun wir, wenn wir die Winkel und Linien in bestimmter Richtung und Verknüpfung auftragen und begrenzen. Daraus ergibt sich, dass ein Riss eine bestimmte bestehende Vorschrift ist, die, im Geist konzipiert, mittels Linien und Winkeln aufgetragen wurde und ausgeführt von einem an Herz und Geist gebildeten Menschen."[29]

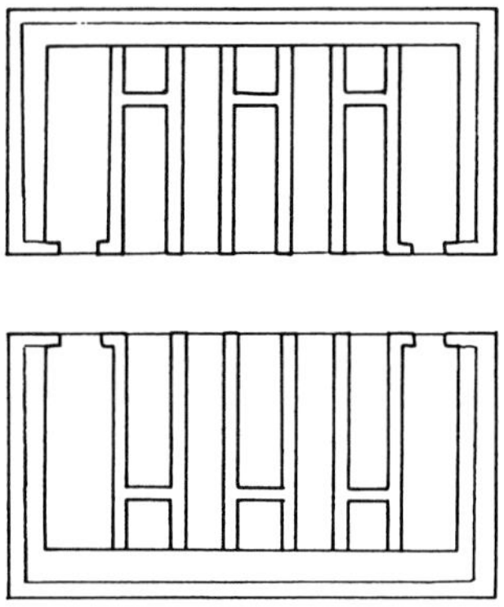

Richard von St. Victor in Paris (gest. 1173) illustriert die Einzelform der Torbauten des Tempels von Jerusalem in seinem Kommentar zu den Visionen des Ezechiel durch eine einfache Grundriss-Strichzeichnung und erläutert: „Weil wir aber [...] über die Beschreibung der Toranlage schon hinreichend gesprochen haben und [...] der Reihe nach ausgeführt haben, wollen wir an dieser Stelle zur größeren Anschaulichkeit dessen, was gesagt wurde und was noch zu sagen ist, die Form all der [Dinge], die weiter oben von Teil zu Teil vorgetragen wurden, in einer Figur [Zeichnung] zusammenfassen, damit der Geist des Betrachters Ort, Lage und Zahl, Beschaffenheit, Größe, Proportion aller dieser [Dinge] gesammelt leicht entnehmen kann. Weil es aber schwierig oder sogar unmöglich ist, Länge und Breite und Höhe von Gebäuden in der Fläche in dieser Figur [Zeichnung] wiederzugeben, glaube ich, dass es genügt, wenn man Lage und Ort all der [Dinge], die ich genannt habe, in die rechte Form gebracht und durch proportionsgerechte Linien gleichsam das Fundament all dieser [Dinge] gelegt hat. Denn wenn wir die Linien, die nach proportionsgerechter Vermessung abgemessen sind, betrachten und unter ihnen nichts anderes verstehen als sozusagen die gelegten oder bezeichneten Fundamente der Wände, ist leicht mit zu verstehen, wie von dieser Führung der Linien sich die Wände in die Höhe erheben und auf diese Wände sich das Dach legt."[30]

Als 1248 Abt Menco von Wittewierum bei Groningen in Holland erkannte, dass die Bauarbeiten seiner Kirche, die er begonnen hatte, wegen Geldmangels unterbrochen werden mussten, schrieb er: „Weil schwer ist, weiter zu bauen, wenn man die Absicht des ersten Gründers nicht kennt, zumal jeder ausgezeichnete Werktätige die Gestalt seines Werkes zunächst im Geist deponiert, [...] deshalb führen wir an dieser Stelle die Beschreibung der ersten Konzeption des Werkes durch, damit, wenn es den Nachkommen gefällt, weiter zu bauen, sie daraus die Gestalt des Fortzusetzenden haben."[31] Hätte ihm ein gezeichneter Bauplan zur Verfügung gestanden, hätte er auf diesen verweisen können.

Das Fehlen ausreichender Baupläne erfordert eine genaue verbale Aufstellung der verlangten Leistungen des Werkmeisters. So wurde 1284 für den Bau der Franziskanerkirche in Provins vereinbart: „Zunächst wird das Kloster dem Boden gleichgemacht. Und der vordere Giebel und die Seite werden dieselbe Größe haben wie vorher, nur dass der Seitenflügel auf Rundpfeilern und auf Steinbogen ruhen wird, die wiederum die Länge des ehemaligen Flügels einnehmen. Und der Bogenlauf wird die Höhe haben, die der Abstand gebietet, der notwendig ist, um sie mit dem Gebälk zu verbinden, das das Dachwerk des Kirchenschiffes stützt; und auf dieser Seite werden so viele Bogen sein wie Joche zwischen zwei Zugankern, so wie es die Länge des alten Flügels erfordert, und diese Bogen werden von der Größe sein, die das Dachwerk verlangt. Am Giebel wird an dem Bogenanfall auf der Hofseite ein Widerlager [Strebefeiler] mit einer Auskragung von 6 Fuß und einem Blockstein von 3 Fuß angebracht. Das Widerlager wird durch eine Schräge über der Tragvorrichtung des Giebels abgefangen."[32]

Die Form des geplanten Gebäudes existierte zunächst nur in der Vorstellung des Architekten; der Grundriss wurde danach unmittelbar auf dem Bauplatz aufgemessen und mit Schnüren und Pflöcken oder mit hellem Sand oder Kreidestaub vermarkt (siehe Seite 64f.); so geschah es schon in der Antike. Anschließend wurde der Graben für die Fundamente ausgehoben. So schrieb der in Paris ausgebildete Magister Robert Grosseteste, Regens und Kanzler in Oxford, um 1228 an den Magister Adam Rufus einen Brief, in dem er sich ausführlich über die Form äußerte: „Im Geiste des Architekten existiert die Form und die Ähnlichkeit des zu bauenden Hauses, auf dessen Form und Vorbild er sich einzig bezieht, um nach dessen Ähnlichkeit das Haus zu bauen."[33] Um 1200 berichtet Lambert von Ardres bei dem Burgenbau bei Saint-Omer, den der Graf von Guines 1139 angeordnet hat, dass der in der Feldmesskunst erfahrene Grabungsmeister Symon „hier und dort das im Geist konzipierte Werk nicht mit der Messlatte, sondern mit dem Augenmaß" auf dem Gelände vermaß.[34] In der ersten Hälfte des 12. Jahrhunderts wird über Abt Girald, der 1079 an den Ort des geplanten Klosters Sauve Majeur in der Diözese Bordeaux kam, betont: „Schon im Geiste bestimmte er, wo er die Kirche und die anderen Klostergebäude geeignet verteilen und errichten würde. [...] Unter alleiniger sorgfältiger Überlegung begann er zu vermessen."[35] Weitere schriftliche Quellen bestätigen diesen allgemeinen Planungsvorgang.

Kleine Skizzen, vielleicht auf Wachstäfelchen, halten das im Geist vorhandene Bild von dem geplanten Gebäude fest. Frühmittelalterliche Grundrisse sind als Kopien von vier Zeichnungen erhalten, die Adomnan, Abt von Hy/Jona (679–704), vor 686 dem von ihm niedergeschriebenen Reisebericht Bischof Arculfs *Über die heiligen Stätten* mit für das Mittelalter ungewöhnlich genauen Baubeschreibungen beigegeben hatte, „deren kleine Form mir Arculf selbst auf eine Wachstafel gezeichnet hat" und die Adomnan abzeichnete; Kopien sind als kolorierte Federzeichnungen in Handschriften seit der Mitte des 9. Jahrhunderts vielfach überliefert. In diesen Zusammenhang gehört auch der St. Galler Klosterplan (Abb. 19), ein um 820/30 gezeichneter Idealplan eines karolingischen Benediktinerklosters, der vermutlich auf die Aachener Reformsynode von 817/19 zurückgeht und „ein Denkmodell von der philosophischen Struktur einer Fiktion" darstellt.[36] Dieser Ideenplan wurde durch nachträgliche Maßinschriften für Länge und Breite der Kirche für diese baufähig. Ansichtszeichnungen sind ebenfalls in Handschriften als Illustration seit der Jahrtausendwende bekannt: Psychomachia des Prudentius im Vatikan um 1000, Kölner Dom im Hilinus-Codex um 1025, Klosterkirche von Centula um 1100, Kloster von Canterbury um 1165 (Abb. 7).

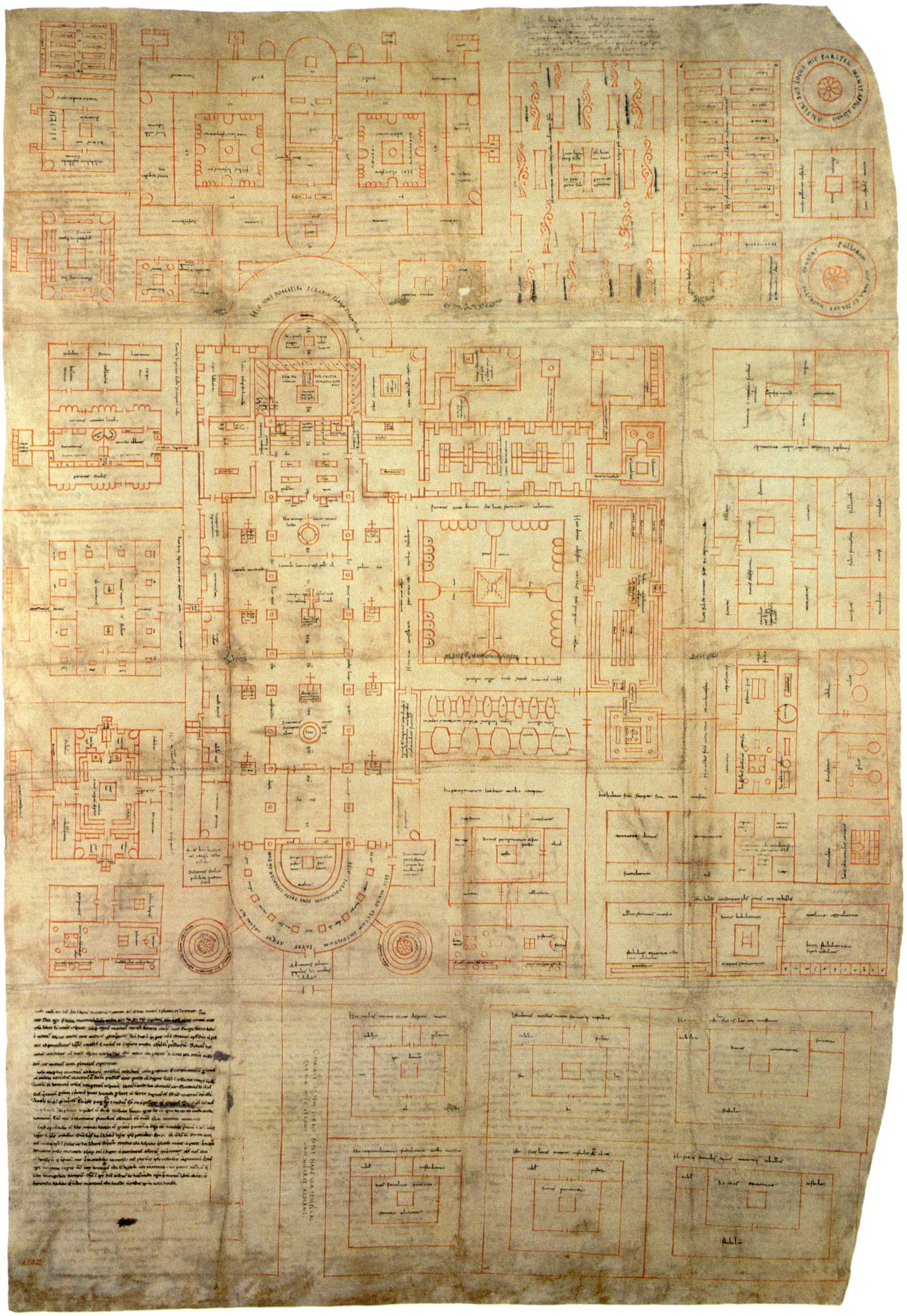

20 Bourges, Kathedrale Saint-Étienne, 1:1-Riss (4,53 x 6,04 m) eines Maßwerkfensters auf dem Plattenboden des Zwischengeschosses des um 1300 errichteten südwestlichen Strebeturms, dessen Ost- und Westfenster dem Riss entsprechen, Ritztiefe 2 mm.

Im Baufortgang wurden die Einzelteile in Originalgröße auf dem hölzernen Reißboden oder auf Gipsflächen gezeichnet. So entstanden alle Werkstücke und die geometrisch bestimmten Maßwerkfiguren (Abb. 14). In einer Kammer der Vorhalle des Kapitelhauses der Kathedrale von York ist eine auf dem Fußboden aufgetragene, 8 × 5 Meter große Gipsfläche mit Ritzzeichnungen 1360 bis 1. Hälfte 16. Jahrhundert erhalten, u.a. ein Maßwerkfenster für die Marienkapelle der Kathedrale (seit 1361 im Bau). Seit dem 13. Jahrhundert sind entweder auf gequaderten oder verputzten Wandflächen oder auf Terrassendächern mit erheblichem Aufwand angebrachte, zwei bis drei Millimeter eingetiefte Ritzzeichnungen erhalten: Wir kennen 17 Beispiele aus Frankreich, 13 aus England, neun aus Deutschland, eines aus Dalmatien. Der früheste erhaltene und recht zuverlässig datierte Bodenriss ist der von Soissons aus der Mitte des 13. Jahrhunderts (Blendarkade und Maßwerkfenster); die Risse von Byland/England und Notre-Dame-en-Vaux in Châlons-sur-Marne stammen möglicherweise schon aus dem Anfang des 13. Jahrhunderts. Um 1290/1300 entstanden die Risse in Bourges (Abb. 20), Clermont-Ferrand, Limoges, Narbonne und Cambridge. Diese 1:1-Risse dienten zum Abmessen der in dieser Zeit aufkommenden Schablonen und der Kontrolle der fertigen Werksteine vor dem Versatz.

Die ältesten erhaltenen, auf Pergament gezeichneten, verkleinerten (Auf-)Risse sind die beiden Reimser Palimpseste (Blindrillen von ausradierten Zeichnungen, Abb. 21) mit der dreiportaligen Querschifffassade einer Kirche, die 1250/60 als Kopien von Vorlagen aus der Zeit um 1230/50 aufgetragen wurden.[37] Villard de Honnecourt hat um 1220/30 in Reims schon Werkrisse als Vorlage für die Zeichnungen in seinem Musterbuch benutzt und Grundrisse mit Darstellung von Mauerdicken entwickelt (siehe Seite 52–55). Um 1260/70 entstand der älteste Straßburger Riss A für einen Teilaufriss der Westfassade des Münsters, der von den Querhausfassaden der Pariser Kathedrale beeinflusst ist; es folgten die Risse B um 1275 (250 Zentimeter hoch) und D 1277/80. Risse von anderen Baustellen stammen ebenfalls aus dem letzten Viertel des 13. Jahrhunderts, so der älteste erhaltene Grundriss (Wiener Riss A) für den Südwestturm des Kölner Doms um 1280, der Kölner Riss F (Abb. 22) für die Westfassade um 1300, etwa im Maßstab 1:36 (405 Zentimeter hoch), und die Langhausrisse E und E1 um 1330/40. Zum Teil zumindest waren die Ansichtszeichnungen Präsentations-Risse für den Bauherrn und die potenziellen Spender, damit sie einen Eindruck von dem Geplanten vermittelt bekamen.

Gotische Architekturzeichnungen haben sich vor allem in Süddeutschland/Österreich, Holland/Belgien und Italien erhalten, besonders zahlreich in den Haupthütten

19 (Linke Seite) St. Galler Klosterplan, um 820/30 (St. Gallen, Stiftsbibliothek.

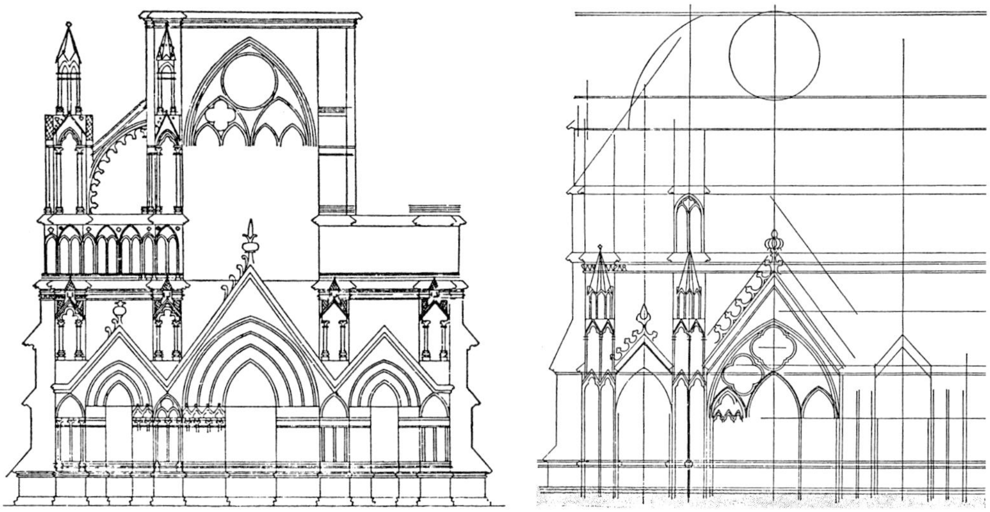

21 Reimser Palimpseste um 1250/60 nach Vorlagen aus der Zeit um 1230/50 (Umzeichnungen).

Köln, Straßburg und Wien, bedingt durch die Kontinuität der Hüttenorganisation. Im Anstellungsvertrag für Moritz Ensinger verlangte der Pfleger des Ulmer Münsters 1470 ausdrücklich, dass alle *visierungen* (Zeichnungen), die sein Vater Matthäus und er selbst in Ulm, aber auch in Bern gemacht hatten und auch die, die er zukünftig machen würde, nach seinem Tod dem Baubüro des Ulmer Münsters zu übergeben seien. 1419 bestimmte Meister Simon, Steinmetz zu Wien, in seinem Testament, dass seine Zeichnungen auf Papier und Pergament sein Schwager Mathes Helbling erhalten solle. Der heute noch benutzte Begriff „Riss" für solche Zeichnungen ist erstmals 1418 im Straßburger Rechnungsbuch nachweisbar. Mit „Visierung" wurden seit der Mitte des 15. Jahrhunderts werkvorbereitende proportionsgerechte Ansichtszeichnungen aller Art bezeichnet, die auch Verträgen zugrunde gelegt wurden, dazu eine verbale Beschreibung mit wenigen Maßangaben. In der Regensburger Steinmetzordnung von 1459 heißt es: „Wenn ein jeglicher Meister ein Werk vertraglich vereinbart (‚verdingt') und eine Visierung dazu gibt, wie es werden soll, so soll er das Werk nicht abändern an der Visierung, sondern er soll es machen, wie er die Visierung den Herren, Städten oder im Lande bezeugt hat."[38] Entsprechend wird im Vertrag mit dem Meister Konrad Pürkchel vom 30. April 1444 festgelegt, er soll die Kirche von Schnaitsee nach der „ausweysung der visier" bauen.[39] Bereits 1356 wird in einem Utrechter Vertrag gesagt: „vizieren, meysteren, berechten ende maken", d.h. zeichnen, entwerfen, berechnen und machen. 1488 wurde am Münster zu Basel der Martinsturm begonnen „zu bauwen nach der Visierung, so M. Hans von Nußdorff ihnen gezeigt hatt".[40]

Auf dieser Grundlage kann man sich kaum vorstellen, dass komplizierte Proportionsfiguren zur Bemessung von Grund- und Aufriss angewandt wurden. Stattdessen waren nur einfache, auch bei der Grundrissvermessung seit der Antike angewandte Dreieckskonstruktionen sowie glatte Zahlen von Fußmaßen für Grund- und Aufriss bestimmend. Dem folgen auch noch 1391–1400 die zur Begutachtung eingeladenen Werkmeister bei der Diskussion über die konstruktiv sinnvolle Dimension des Mailänder Langhauses, die „nach der geometrischen Vernunft des Dreiecks erfolgte" (siehe Seite 78–81).

22 Fassadenriss F des Kölner Doms auf Pergament, 405 cm hoch, verkleinert im Maßstab etwa 1:36, um 1300.

Eine ausgewogene Gestaltung wird durch feste Maßverhältnisse einzelner Bauteile zueinander und zum Ganzen (Proportion), ausgehend von dem Grundmaß oder von

Grundfiguren, erreicht. Das Grundmaß ist als Werkmaß die Länge der Grundstrecke bei der Vermessung von Bauten, angegeben in Fuß (z. B. römischer Fuß 29,6 Zentimeter, karolingischer Fuß 33,29 Zentimeter, französischer Königsfuß 32,50 Zentimeter und andere), als Modul (z. B. der untere Halbmesser einer Säule als Verhältnismaß für den zu errichtenden Bau) oder als eine andere, die Proportion bestimmende Grundstrecke wie der Goldene Schnitt, die Teilung einer Strecke in zwei Teile, die sich zueinander verhalten wie der größere zur Gesamtstrecke (schon seit dem Altertum verwendet). Die Grundfigur ist entweder ein gleichseitiges Dreieck (Triangulatur), ein Quadrat (Quadratur) oder ein Fünfeck (Pentagramm, auch Drudenfuß), denen jeweils eine entsprechende zweite Figur diagonal einbeschrieben ist usw., also jeweils mit entsprechenden kleineren Seitenlängen; auch ein Achtort, Achtspitz oder Achtuhr, zwei einem Kreis einbeschriebene, über Eck gestellte Quadrate. Bei der harmonischen Proportion wird die Architektur mit der Musik in Verbindung gesetzt gemäß der antiken, von Augustinus in das christliche Abendland vermittelten Entdeckung, dass bei zwei angezupften Saiten der Unterschied der Tonhöhe eine Oktave beträgt, wenn die eine halb so lang ist wie die andere, eine Quinte, wenn sie zwei Drittel, eine Quarte, wenn sie drei Viertel der anderen Saite beträgt, also Maßverhältnisse 1 : 2, 2 : 3 oder 3 : 4.

Aus dem Musterbuch eines Werkmeisters – Villard de Honnecourt

Über die Vielfalt der Interessen und Aufgaben eines hochmittelalterlichen Werkmeisters gibt das einzige aus dem Mittelalter erhaltene Architektur-Musterbuch Auskunft, dessen Zeichnungen Villard de Honnecourt auf Reisen u. a. nach Cambrai, Meaux, Vaucelles, Reims, Laon, Chartres, Lausanne und Ungarn um 1220/30 teils nach der Natur, teils nach Bildvorlagen angefertigt hat (Abb. 22–26, 28, 30, 31, 34–38).[41] Die Skizzenblätter wurden von dem aus Honnecourt bei Cambrai in der Picardie stammenden, vermutlich als Werkmeister tätigen Villard nachträglich zu einem *livre* zusammengestellt, so weit möglich thematisch geordnet und in Altfranzösisch mit didaktischer und erklärender Absicht beschriftet und zwar sehr wahrscheinlich nach Diktat von drei verschiedenen Schreibern, weil Villard schreibunkundig war wie im frühen und hohen Mittelalter bei Laien allgemein üblich; sogar der bedeutende staufische Kaiser Friedrich Barbarossa (gest. 1190) konnte kein Latein und weder lesen noch schreiben.

Auf fol. 1^{v} wendet sich Villard an seine Leser: „*Wilars dehonecort* grüßt Euch und bittet alle diejenigen, die mit diesen Konstruktionen, die man in diesem Buch findet, arbeiten werden, für seine Seele zu beten und sich seiner zu erinnern. Denn in diesem Buch kann man großen Rat finden über die große Fertigkeit der Maurerei und der Konstruktionen der Zimmerei, und Ihr werdet die Fertigkeit des Zeichnens finden, die Grundzüge, wie die Kunstfertigkeit der Geometrie sie verlangt und lehrt."

Schon im Mittelalter gingen etwa 13 Blätter verloren, heute sind noch 33 Blätter, also 66 Seiten, erhalten. Die noch vorhandenen 325 Einzelzeichnungen zeigen zu etwa zwei Dritteln Menschen- (163) und Tierdarstellungen (62), ferner liturgisches Gerät, Maschinen (Abb. 28), Ansichten und Grundrisse von Kirchen sowie vier Seiten Geometrie für die Bauerstellung. Die braunen Federzeichnungen sind in Bleistift und bei den Bauabbildungen auch durch Blindrillen auf dem Pergament vorbereitet. Die am heutigen Baubestand nachkontrollierbaren Zeichnungen von Reims, Laon, Chartres und Lausanne zeigen, dass Villard die Bauformen aufgrund seiner eigenen konstruktiv-geometrisch bestimmten Logik leicht verändert und teilweise summarisch wiedergegeben hat (Abb. 26, 27). Seine Figurenzeichnungen gehören in vielfältige ikonographische Bereiche der Skulptur und der Buch- und Glasmalerei: christliche Figuren, Allegorien, Gerichts- und Turnierszenen, Würfelspieler und Löwenkampf sowie Aktdarstellungen, vermutlich nach antiken Skulpturen (Abb. 24). Die Tierdarstellungen mit geometrischen Figuren als Zeichenhilfe (Abb. 23) stehen in der Tradition der Bestiarien, zoologisch-mythologischer Darstellungen vom Aussehen und Verhalten der Tiere sowie ihrer symbolischen Deutung.

Seine Skizzen geben Hinweise auf die damaligen Planungstechniken, vor allem für die Kathedrale von Reims, die für die Entwicklung der Hochgotik formal (Gliederpfeiler, Maßwerk, Skulpturenprogramme), technisch und im Planungsverfahren (Aufkommen von Baurissen) 1211/33 von höchster Bedeutung ist und die er auf sechs Blättern mit Innen- und Außenansichten sowie Detailzeichnungen darstellt (vgl. Abb. 30 – 35) und zwar in steileren Proportionen und gegenüber der Ausführung veränderten Details (z. B. das Strebewerk, Abb. 35, 36). Er zeigt aber bezüglich des Maßwerks sehr genau die Unterschiede zwischen den Chorkapellen einerseits und dem Langchor und Querschiff andererseits. Der schematische Grundriss einer „eckigen Kirche, die für einen Bau des Zisterzienserordens vorgesehen war“ (Abb. 24), und der Chorentwurf, den Villard und Peter von Corbie „in gemeinsamer Besprechung miteinander erfunden haben“ (Abb. 24) und für den der Chor der Zisterzienserkirche zu Vaucelles bei Cambrai (Abb. 25) vorbildhaft gewesen war, zeigen in ihrer unterschiedlichen Darstellungsweise als Linienschema bzw. horizontaler Mauerschnitt mit Gewölbeeintragung die Vielfalt der Darstellungsweisen. Mit dem in mehreren Ebenen zusammenprojizierten Grundriss und perspektivischen Aufriss eines der nach 1205 errichteten Westtürme von Laon (Abb. 37, 38) beweist Villard, wie erschöpfend er ein architektonisches Vorbild wiederzugeben vermochte. Ein Beispiel für die Kopierweise und Umstilisierung eines Architekturdetails ist das große runde Westfenster der Kathedrale von Chartres auf fol. 15^{v}, das dem Neubau nach 1194 angehört, dessen obere Teile vor 1220 fertiggestellt waren (Abb. 26, 27). Villard übernimmt die Konzeption des Originals, verändert das Ganze aber im Hinblick auf größere Leichtigkeit und detailliertere Gliederung. Grundsätzlich wird durch die veränderten Proportionen das Fenster schematischer, geometrisch einfacher konstruierbar und damit nachvollziehbarer, es wird ornamentaler, ein bedeutender Schritt hin zum Maßwerk. Ganz ähnlich ist Villard mit dem vor 1225/30 entstandenen Rundfenster am Südquerhaus der Kathedrale von Lausanne verfahren (fol. 16).

Über den Werkmeister Villard ist sonst nichts weiter bekannt. Die häufig geäußerte Auffassung, es habe sich eher um einen „Theoretiker“ gehandelt, ist im Hinblick auf die technischen Details nicht wahrscheinlich; vielmehr zeigt das Musterbuch deutlich die weit gespannten Aufgaben eines mittelalterlichen Werkmeisters. Das entspricht dem, was wir über die antiken Architekten wissen und was sich aus dem Œuvre von Leonardo da Vinci erkennen lässt.

23 (Links) Villard de Honnecourt, Musterbuch fol. 18ᵛ, um 1220/30. „Hier beginnt die Kunst der [Grund]Züge des Zeichnens, so wie die Disziplin der Geometrie sie lehrt, um leicht zu arbeiten. [...]."

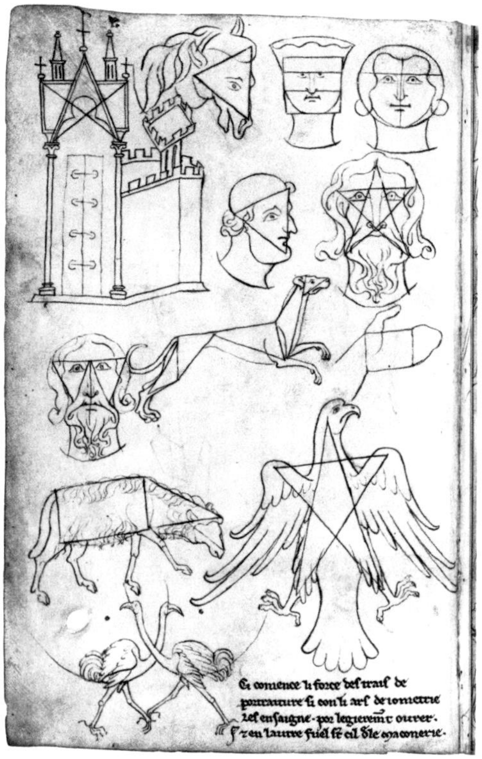

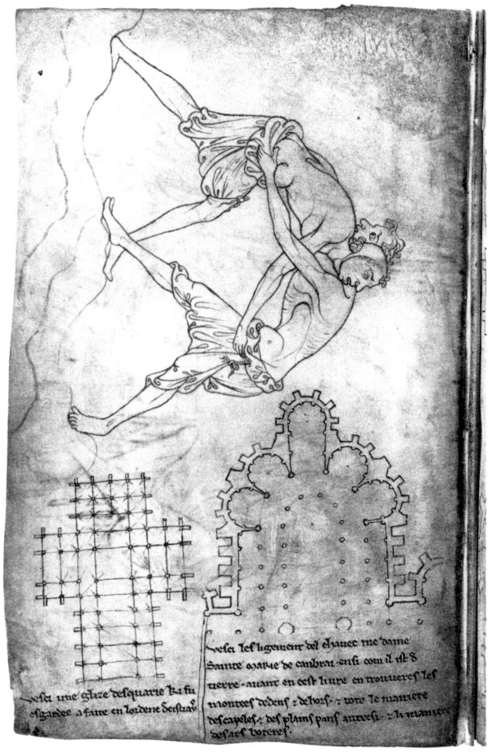

24 (oben) Villard de Honnecourt, Musterbuch fol. 14ᵛ, um 1220/30. Links: „Seht hier eine eckige Kirche, die für einen Bau des Zisterzienserordens vorgesehen war." Rechts: „ Seht hier den Grundriss des Chores unserer hl. Frau Maria zu Cambrai, so wie er aus der Erde aufsteigt. [...]."

25 Villard de Honnecourt, Musterbuch fol. 15ʳ, um 1220/30. Oben: „Diesen Chor haben Villard von Honnecourt und Peter von Corbie in gemeinsamer Besprechung miteinander erfunden." Unten (späterer Eintrag): „Seht hier den Grundriss der Kirche von Sankt Stefan zu Meaux. Darüber ist eine Kirche mit doppeltem Umgang, die Villard von Honnecourt entworfen hat und Peter von Corbie." Der Chor der Kathedrale wurde nach 1163 bis 1198 erbaut.

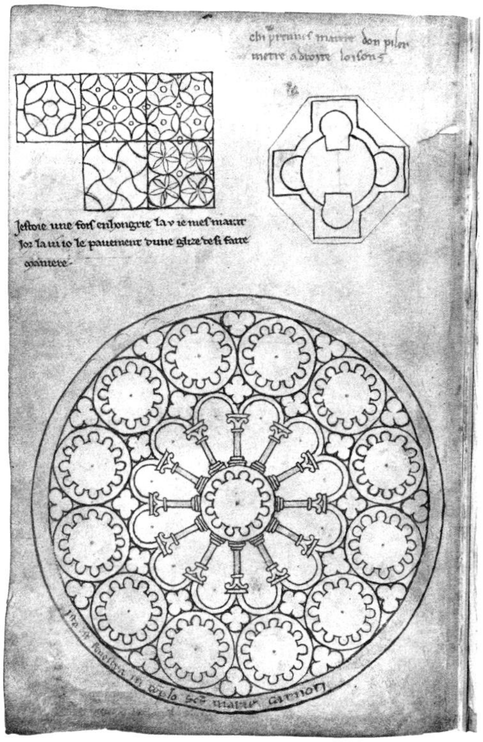

27 Chartres, Kathedrale, Westbau, Rad-Lochscheiben-fenster, um 1210/20.

26 (oben) Villard de Honnecourt, Musterbuch fol. 15ᵛ, um 1220/30. Oben: „ Ich war einmal in Ungarn, wo ich gar manchen Tag verbracht habe. Dort sah ich den Bodenbelag einer Kirche von solcher Art." Oben rechts: „Hier mögt Ihr Euch ein Beispiel nehmen, wie man einen Pfeiler mit richtigen Fugen bildet." Im Kreis: „Dies ist ein Fenster im Tempel der hl. Maria zu Chartres."

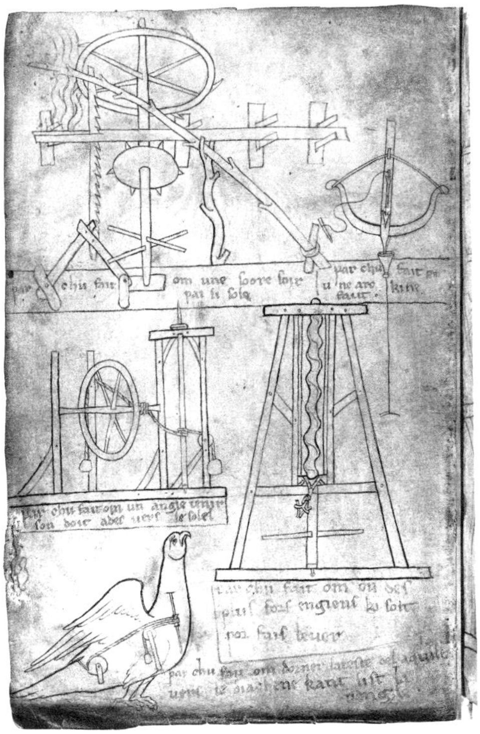

28 Villard de Honnecourt, Musterbuch fol. 22ᵛ, um 1220/30. „Auf diese Weise macht man eine Säge von selber sägen." Oben rechts: „ Auf diese Weise macht man einen fehlerlosen Bogen." Mitte: „ Auf diese Weise macht man einen Engel, der seinen Finger immer der Sonne zuhält." Rechts: „Auf diese Weise macht man eine der stärksten Maschinen zum Heben von Lasten, die es gibt." Unten: „Auf diese Weise macht man einen Adler, der seinen Kopf dem Diakon entgegendreht, wenn er das Evangelium liest."

29 Kathedrale Notre-Dame in Reims, Westfassade spätestens nach 1252 begonnen, Rosengeschoss um 1280, Türme bis etwa 1310.

Die Kathedrale von Reims

30, 31 (Links) Villard de Honnecourt, Musterbuch fol. 30^{v}, 31^{r}, um 1220/30. Innen- und Außenansicht einer Chorumgangskapelle der Kathedrale von Reims. „Seht hier den genauen Oberbau der Kapellen der Kirche von Reims und die ganze Art und Weise gerade so, wie sie im Innern in ihren Geschossen sind. Seht hier die Gänge im Innern und die verborgenen Bogen[gänge], [d.h. Blendarkaden]. Und auf dieser anderen Seite könnt Ihr den Oberbau der Kapellen der Kirche von Reims von außen sehen, vom Anfang bis zum Ende, so wie sie sind. Von ebensolcher Art müssen die von Cambrai werden, wenn man ihnen gerecht wird. Das oberste Geschoss muss einen Zahnkranz bilden."

32 (Unten) Reims, Kathedrale, Chor, Maßwerkfenster um 1215.

Um 1225/30 besuchte Villard de Honnecourt die zu seiner Zeit modernste Baustelle, die erzbischöfliche Kathedrale Notre-Dame in Reims, die Krönungskirche der französischen Könige. Villard war ein sehr genauer Beobachter. Er zeichnete jeweils von außen und innen eine Chorkapelle (Abb. 30, 31) und den Wandaufriss der vier östlichen Mittelschiffjoche (Abb. 33) noch ohne Gewölbe und Strebewerk. Aus technischen Gründen müssen die Gewölbe und die Strebebogen etwa gleichzeitig aufgemauert werden, da sonst das Gewölbe die Mittelschiffmauer nach außen oder der Strebebogen die Mauer nach innen drücken würde. Auf einem weiteren Blatt hat er die Zeichnung des geplanten Strebewerks kopiert, das jedoch 1236–1240 verändert ausgeführt worden ist (Abb. 35, 36). Er hat die Entwicklung des Maßwerks, das aus dem Plattenmaßwerk in Chartres und Soissons entstanden ist, vom ersten Auftreten in den Chorkapellen um 1215 (Abb. 30–32) bis hin zum Obergaden des Langhauses (Abb. 33) unter Berücksichtigung der unterschiedlich hohen Zwickel unter der Spitzbogenrahmung genau beobachtet und gezeichnet. Auch hielt er die neuartige Konstruktion des Gliederpfeilers mit eingebundenen, gemauerten Diensten in zwei Querschnitten fest (Abb. 34).

Der Reimser Werkmeister hat die in den nördlichen Westarkaden des Mittelschiffs der Pariser Kathedrale ab 1210/20 vollzogene Entwicklung vom gotischen, gemauerten, von einem Kapitell bekrönten Rundpfeiler mit vorgelegten, monolithen Diensten zum Gliederpfeiler, bei dem die Dienste mit den Pfeilerquadern im Schichtverband wie bei der Kathedrale von Chartres stehen, aufgenommen. Er hat die unterschiedlich großen Kapitelle durch die Einfügung eines dekorierten Zylinders und eines auf gleicher Höhe liegenden Halsringes zu dem in den Westarkaden nach 1250 gewählten einheitlichen Kapitell-Kämpfer des reinen hochgotischen Gliederpfeilers geführt.

Die Kathedrale war am 6. Mai 1210 abgebrannt. Sogleich wurde ein völliger Neubau geplant, für den schon am 6. Mai 1211 der Grundstein gelegt werden konnte. Nach zehn Jahren Bauzeit waren 1221 Chorumgang und Kapellenkranz benutzbar. Eine Revolte der Bürger gegen Erzbischof Henri de Braine und das Domkapitel führte von November 1233 bis Januar 1236 zu einer über zweijährigen Bauunterbrechung. Danach gingen die Arbeiten nur

33 Villard de Honnecourt, Musterbuch fol. 31v, um 1220/30. Kathedrale von Reims, Langhaus, innen und außen, noch ohne Gewölbe und Strebewerk (1235/40): „Achtet wohl auf diese Zeichnung vom Aufbau; vor dem Dach der Seitenschiffe muss ein Gang sein; über dem Stockwerk und über dem Dach der Seitenschiffe vor den Fenstern muss ebenfalls ein Weg sein und ein niederer Zahnkranz, so wie Ihr es in der Visierung vor Euch seht. Und auf den oberen Enden Eurer Pfeiler müssen Engel sein und davor Strebebogen. Vor dem großen Dach oben müssen wiederum Wege sein und Zinnen auf dem Stockwerk, sodass man dorthin gelangen kann bei Feuergefahr, und in dem Stockwerk müssen Wasserspeier sein, die das Wasser hinauswerfen. Für die Kapellen sagte ich es Euch."

noch schleppend voran, und Reims wurde von den wandernden Gesellen kaum noch besucht, stattdessen war nunmehr die Kathedrale der reichen Tuchhändlerstadt Amiens das Ziel. Am 7. September 1241 nahm das Kapitel Chor, Querhaus und die vier östlichen Langhausjoche in Benutzung. Die doppeltürmige Westfront mit durchlichteten Tympana unter den Portalbogen wurde anschließend oder erst 1252/55 begonnen (Rose um 1270, Türme bis Anfang 14. Jahrhundert fertig). Die vier westlichen Langhausjoche wurden bis gegen 1275 gebaut. Das um 1285 im Mittelschiff in den Boden eingefügte, heute verlorene Labyrinth nennt die Werkmeister für die Bauzeit 1211 – 1286: Gaucher de Reims (1211 – 1218), Jean le Loup (1219 – 1233), Jean d'Orbais (1236 – 1251), Bernard de Soissons (1252 – 1286); danach folgte Robert de Coucy, der 1311 gestorben ist.

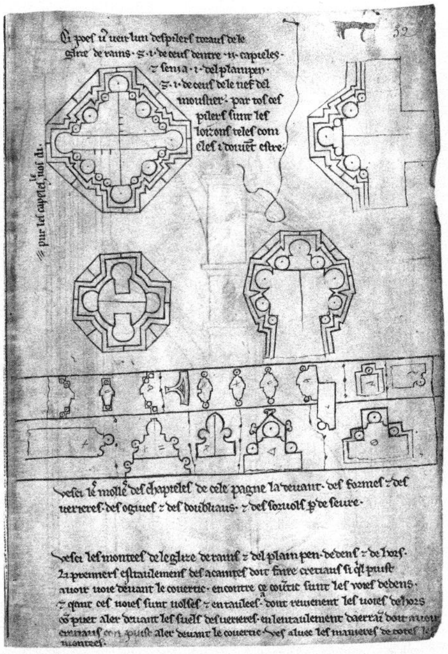

34 (Rechts oben) Villard de Honnecourt, Musterbuch fol. 32ʳ, um 1220/30. Kathedrale von Reims. Oben: „Hier könnt Ihr einen Turmpfeiler der Kirche von Reims sehen, und einen von denen, [die] zwischen zwei Kapellen [sind], und einer ist darunter von der Wand und einer von denen des Schiffs der Kathedrale. Bei allen diesen Pfeilern sind die Fugen so wie sie sein müssen." Mitte: „Seht hier die Profile der Kapellen von der vorhergehenden Seite, von den Fensterbogen und dem Maßwerk, von den Kreuzrippen und den Gurten und den Schildbogen darüber." Unten (Beschriftung bezieht sich auf die voraufgehende Zeichnung fol. 31ᵛ): „Seht hier den Aufbau der Kirche von Reims, von der Wand innen und außen. Das erste Geschoss der Seitenschiffe muss einen Zahnkranz bilden, sodass ein Gang vor dem Dach herumführen kann. Gegen dieses Dach sind Umgänge im Innern, und wo diese Gänge eingewölbt und gepflastert sind, so führen die Gänge nach außen, sodass man an der Schwelle der Fenster vorbeigehen kann. Und das obere Geschoss muss einen Zahnkranz bilden, damit man um das Dach herumgehen kann. Seht hier die Art und Weise vom ganzen Aufbau."

35 Villard de Honnecourt, Musterbuch fol. 32ᵛ, um 1220/30. Kathedrale von Reims, Strebewerk, Zeichnung der Planung, in der späteren Ausführung verändert (siehe dazu Abb. 36).

36 Reims, Kathedrale, Langhaus, 1200/30, Gewölbe und Strebewerk 1235/40.

Einen der beiden nach 1205 errichteten Westtürme der Kathedrale von Laon hat Villard de Honnecourt bereits 1220/30 in seinem Musterbuch mit Grundriss und perspektivischer Ansicht gezeichnet (Abb. 37, 38) und hervorgehoben, dass er „noch an keinem Ort jemals einen solchen Turm gesehen hat“. Die Westtürme (Abb. 40) und der dazu variierte Turm am südlichen Querschiff (Abb. 39) dienten bald als Vorbild für den um 1230/40 geschaffenen Baldachin über der Maria im Bamberger Dom (Abb. 44) und abgewandelt für die Westtürme des Bamberger Domes (1230/40, Abb. 41, 42) und des Naumburger Domes (1250/60, Abb. 43). Hier bekommt man einen Eindruck, wie ein bedeutender innovativer Bau schnell als Vorbild und Anregung für andere Bauten gedient hat. Vermittelt wurden die Formen seit der ersten Hälfte des 13. Jahrhunderts durch Zeichnungen, wie sie uns Villard de Honnecourt in seinem Musterbuch vorführt. Er hat in seiner Ansichtszeichnung die Proportionen leicht verändert, die Details zur Verdeutlichung vergrößert und für die Kapitelle eine einheitliche Signatur verwendet; schließlich hat er einen pyramidenförmigen Dachabschluss mit krabbenbesetzten Graten ergänzt.

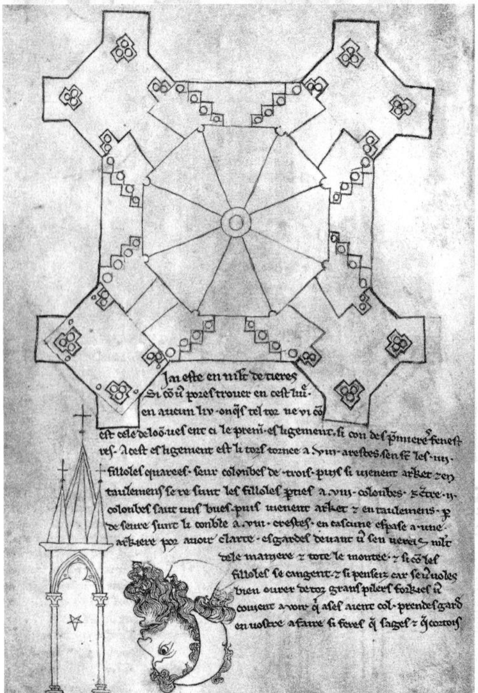

37 Villard de Honnecourt, Musterbuch fol. 9^v^, um 1220/30, Grundriss des Westturms der Kathedrale von Laon, ab 1205 gebaut: „Ich bin in vielen Ländern gewesen, wie Ihr aus diesem Buch ersehen könnt; an keinem Ort habe ich jemals einen solchen Turm erblickt, wie der von Laon einer ist. Seht hier [den Grundriss] des ersten Geschosses dort, [wo es] bei den ersten Fenstern [anhebt]. Auf [der Höhe] dieses Grundrisses ist der Turm von acht [Strebe-]Pfeilern umgeben; die vier Türmchen (*filloles*), auf [Bündeln] von [je] drei Säulen, sind viereckig. Alsdann kommen Bogen und Stockwerke. Und dann sind wieder Türmchen da, durch acht Säulen gegliedert, und zwischen zwei Säulen ragt ein Ochse heraus. Und dann folgen Bogen und das Geschoß. Darüber ist der Helm mit acht Gräten. In jedem Feld dient eine Schießscharte zur Beleuchtung. Schauet vor Euch: Ihr werdet viel darin sehen über die Bauart (*manier*) und über den ganzen Aufbau und darüber, wie die Türmchen miteinander abwechseln. Und überlegt es Euch wohl: denn wenn Ihr einen guten Turm machen wollt, so müsst Ihr Strebepfeiler wählen, die von genügender Tiefe sind. Habt wohl acht auf Eure Arbeit; so werdet Ihr tun, was eines weisen und großzügigen Mannes würdig ist.“

38 Villard de Honnecourt, Musterbuch fol. 10^r^, um 1220/30.

Vorbildhaft: Die Westtürme der Kathedrale von Laon

39, 40 Laon, Kathedrale, Südquerschiffturm und südlicher Westturm, bald nach 1205.

43 Naumburg, Dom, Westchor, 1250/60.

41 Bamberg, Dom, Nordwestturm, 1230/40.

42 Bamberg, Dom, Westchor, 1230/40.

44 Bamberg, Dom, Baldachin über Maria, 1230/40.

Vermessung und Grundsteinlegung

Über die Einmessung des Grundrisses mittelalterlicher Kirchen, insbesondere der komplizierten polygonalen Chöre mit Umgang und Kapellen, existieren häufig phantasievolle Vorstellungen. Nach welchen geometrischen Grundfiguren und in welcher Weise diese auf der Baustelle umgesetzt und eingemessen wurden, wissen wir nicht. Es gibt zahlreiche, sich gegenseitig ausschließende Rekonstruktionsversuche auf der Grundlage einer mehr oder weniger genauen modernen Grundrissvermessung. Nur verhältnismäßig geringe Entfernungen konnten genauer gemessen werden, da man mit einem aus Hanf oder Flachs gedrehten Seil von mehr als 25 Metern kaum einen genauen Kreis ziehen kann. Letztlich ist es notwendig, ein einfaches, gut zu kontrollierendes Messsystem auf der Basis von Dreiecken zu entwickeln, mittels derer die Kreissegmente und Teilpunkte der Sehnen bestimmt werden können. Es ist davon auszugehen, dass in Kenntnis der Geometrie des Euklid die Vermessung durch Dreieckskonstruktionen vorgenommen wurde. Über einer Grundstrecke wird dazu von deren beiden Enden mit der Schnur je ein Kreisbogen geschlagen und deren Kreisschnittpunkt festgelegt (gleichschenkliges Dreieck); dessen Verbindung mit der Mitte der Grundstrecke (Lot) ergibt einen rechten Winkel. Dieser Vermessungsvorgang wird nach den Seiten wiederholt; so erhält man auf der Fläche Reihen von Messpflöcken, die, mit Seilen verbunden, die Lage der Mauern angeben.

Als Messinstrumente standen nur Messstange (*pertica* oder *virga*, Abb. 18, 45, 47), Knotenschnur als Maßband (*funiculus lineus*, Abb. 45), Richtschnur (*linea*), Richtscheit (*regula*, Abb. 3, 4, 15, 73, 82), Lot (*perpendiculum*, Abb. 3, 70) und Lotwaage (*libella, libra*, Abb. 3, 73, 81, 92) zur Verfügung. Man wusste um die Konstruktion des rechten Winkels mittels eines Dreiecks mit den Seitenlängen 3:4:5 (Pythagoras). Ferner ist zu bedenken, dass die Einmessung auf einem häufig teilbebauten und unebenen Gelände ausgeführt werden musste. Für die Planung auf dem Reißboden standen Richtscheit und Bodenzirkel (Abb. 3, 47, 48), ab Mitte des 13. Jahrhunderts für die Planzeichnung auf dem Pergament zusätzlich der Stechzirkel (Abb. 5, 18, 49) zur Verfügung. Auf dem Grabstein aus dem Ende des 13. Jahrhunderts für den Werkmeister Hugues Libergier in Reims sind als Instrumente, die seine planende und vermessende Tätigkeit charakterisieren, Modell, Messlatte, Richtscheit und Stechzirkel dargestellt (Abb. 18). Diese einfache Ausstattung

45 Der Werkmeister mit der Arbeitskappe auf dem Haupt vermisst mit der Messlatte die Höhe und mit der Messschnur (Knotenschnur) den Umfang der Stadt; Illustration der Visionen des Ezechiel von dem neuen Jerusalem, Deckenmalerei in der Unterkapelle von Schwarzrheindorf gegenüber von Bonn, um 1151/56.

46 Dem Mönch Gunzo von Cluny erscheinen 1085 im Traum die Kirchenpatrone und zeigen ihm den mit Schnüren auf dem Gelände dargestellten Grundriss der neuen Kirche von Cluny. Buchmalerei Miscellanea secundum usum ordinis Cluniacensis aus St. Peter in Cluny, nach 1189 (Paris, Bibl. Nat., Ms. lat. 17716, fol. 43)

47 Ein Werkmeister oder Steinmetz nimmt mit seinem Stechzirkel an der Messlatte Maß. Initiale in einer Etymologiae-Handschrift des Isidor von Sevilla aus Zwiefalten, 2. Hälfte 12. Jh. (Stuttgart, Württembergische Landesbibl., Cod. poet. et phl. 2° 33, fol. 28^{v}).

mit Werkzeugen erlaubte eine recht genaue Einmessung des Grundrisses und war von der Antike bis ins 20. Jahrhundert üblich.

Schriftliche Quellen aus dem 9.–15. Jahrhundert geben Auskunft über den Vermessungsvorgang. Am 6. März 1278 wurden beim Bau des englischen Zisterzienserklosters Vale Royal zehn Männer für die Vorbereitung des Geländes bezahlt, „wo der (Schnur-)Wurf für das Kloster geschehen sollte".[42] Um die Mitte des 9. Jahrhunderts wird über die Klostervermessung in Corvey im Jahre 822 berichtet: „Nach beendeter Dankandacht warfen sie die Richtschnur aus und schlugen Pflöcke ein und begannen zu messen."[43] In Lorenz Lachers Unterweisungen von 1516 wird die Chorvermessung mit Schnur und Pflöcken beschrieben: „schlag die Pfel nach einer schnuer, und auss demselben reiss ein fierung und auss derselbigen fierung gewin ein Achtecket-Khor mit den [Strebe] Pfeillern. Wie dan die Pfeiller stehn sollen, die zeug alss auss den mitlbunten [Mittelpunkten] des Khors; daran bindt ein schnuer und richt alle Pfeiler darnach, dass sie nicht falsch stehn. […] und wanss tu mit dem bau heraus khombts über die Erdten, so zieh den bau wieder auf ein Neues ab, das er sein rechte mauer dickhe wieder bekhombt mit den Pfeillern auf den rechten grundt."[44] Die Vermessung führten Fachleute aus. Bischof Oswald von York (961–992) bemühte sich, wie zwischen 995 und 1005 niedergeschrieben, „Maurer anzuwerben, die mit gerader Gradlinigkeit des Richtscheits (*regula*) und mit dem dreiteiligen Dreieck (*triangulum ternarium*) sowie dem Zirkel (*circinus*) ehrenvoll die Fundamente des Klosters [Ramsay] anzufangen wussten."[45]

In dem 1443/52 verfassten Werk *Zehn Bücher über Architektur* (1485 gedruckt) beschreibt Leon Battista Alberti den Messvorgang: „Bevor du zu graben beginnst, musst du die Ecken der Grundfläche und alle Seitenlinien auf das sorgfältigste immer wieder bezeichnen, wie sie sein sollen und wo sie hingehören. Bei der Bestimmung dieser Ecken muss man kein winziges, sondern ein sehr großes Rechtenwinkelmaß (*norma*) haben, damit man die Richtungslinien mit größerer Sicherheit erhält. Das Rechtenwinkelmaß machten die Alten [wie schon bei Vitruv beschrieben] aus drei geraden Richtscheiten, die zu einem Dreieck verbunden waren. Von diesen hatte eines drei Ellen, das andere

48 Der Schöpfergott vermisst die Welt mit dem Bodenzirkel. Bible moralisée, Reims um 1220 (Wien, Österr. Nat. Bibl., Cod. 2554, fol. 1^{v}).

Wenn der erst stein an das münster
geleit / und auch angevangen wirt

vier Ellen, das dritte fünf Ellen. [...] Ich ziehe eine Linie von der Mitte der Gebäudefront nach rückwärts; in ihrer halben Länge schlage ich einen Nagel in die Erde, durch welchen ich nach den Regeln der Geometrie die querliegende Senkrechte fälle. Und so beziehe ich auf diese beiden Linien alles, was ausgemessen werden muss."[46] Dieser Vermessungsvorgang konnte z. B. für den Speyerer Dom um 1030 nachgewiesen werden (siehe Seite 70).

Lambert von Ardres berichtet voller Hochachtung über den Vermessungsvorgang für die Burg von Ardres im Jahre 1139: „Denn wer [...] war nicht erfreut, den in der Feldmesskunst so erfahrenen Grabungsmeister Symon zu sehen, der mit seinem Messstab in meisterhafter Art umzugehen wusste und hier und dort das schon im Geiste konzipierte Werk dieses Projekts nicht so sehr mit dem Messstab, als vielmehr mit der Messstange der Augen vermaß."[47] Wie man sich das Ergebnis einer solchen Vermessung vorzustellen hat, wird nach 1079 für Hildesheim überliefert: „Man sah die Grenzlinien bezeichnet und gleichsam zum Ausheben des Fundaments einer Kirche durch den kunstfertigen rechten Winkel des Messenden in der Art von Frühlingsreif niedergeschrieben, ausgerichtet von der uralten Kapelle St. Maria nach Westen, so breit und lang unter sich Abstand haltend wie die Mauerdicke, die Länge der Kirche und die Geräumigkeit es erforderten."[48] Hierzu schildert Giraldus Cambrensis, Hofkaplan Heinrichs II. von England 1204/05 einen Traum: „Es erschien mir, dass ich sah, wie Johann, der Sohn des Königs [Heinrich II. von England], auf einer ebenen grünen Fläche gleichsam im Begriff war, eine Kirche zu gründen. Und als er die Erdoberfläche der Richtschnur entsprechend geöffnet hatte, indem er nach Art der Vermessenden den Rasen überall anritzte, wobei er das Bauwerk als Urbild in einer sinnlich wahrnehmbaren Weise ringsum anlegte, da erschien der hintere Grundriss des Kirchenkörpers einigermaßen aufnahmefähig, das Presbyterium aber übermäßig eng und unförmig."[49] Das heißt, es bestand nur eine im Geist vorhandene Vorstellung, die im originalgroßen Aufmaß auf dem Baugelände erst Formen annahm; es gab also keine genaue Zeichnung, nach der vermessen wurde (siehe Seite 45f).

Um den Rasen anritzen und damit den Verlauf der Fundamente anzeigen zu können, werden Richtschnüre ausgespannt. Dem Mönch Gunzo von Cluny zeigen 1085 im Traum die Kirchenpatrone den mit Schnüren auf dem Gelände markierten Grundriss der neuen Kirche von Cluny, die unter Hugo von Semur (1024–1109) der mit „einzigartigem Wissen" begabte Mathematiker Hezilo entworfen und der *architectus* Gunzo gebaut hat (Abb. 46): „Dann erschien Petrus, wie er die Seile hielt und ausspannte und die Grenzen für die zu umschreibende Größe setzte und die Maße angab."[50] „Nachdem das Fundament gelegt ist, streckt der Maurer die Richtschnur gerade aus, lässt das Lot

49 (Links) Grundsteinlegung zum Neubau des Berner Münsters am 11. März 1421 in Gegenwart des Schultheißen Rudolf Hofmeister; im Sommer des Vorjahres war Meister Matthäus Ensinger aus Straßburg nach Bern gekommen: „der kam und wart zu einem werckmeister bestelt". Über die Rolle an einem Dreibock wird mit der Haspel ein Quader mittels einer Steinzange zwischen zwei Pfeileransätzen als Grundstein gesetzt. Auf den Fundamenten für die Streben und Pfeiler des Kirchenbaus liegen Zirkel, Spitzfläche, Schlageisen und Schlägel zur Steinbearbeitung. Diebold Schilling, Spiezer Bilderchronik 1484 (Bern, Stadtbibliothek, Mss. hist. helv. I, 16, p. 755).

hinab und setzt dann die sorgfältig geglätteten Steine in die Reihe“, schreibt Hugo von St. Viktor vor 1141 in seinem Lehrbuch *Didascalicon*, „die erste Lage der Steine, die auf das Fundament zu legen sind, werden an der ausgespannten Richtschnur angeordnet.“[51] Eine solche zwischen vermauerte Pflöcke gespannte Schnur ist durch Abdrücke in der ehemaligen Burgkapelle von Villars-les-Dombes bei Lyon (Anfang 12. Jahrhundert) belegt. Und in der 1248 fortgesetzten Klosterchronik von Wittewierum bei Groningen berichtet der spätere Abt Menco über die Fundamentierung der Klosterkirche: „Mit dem der Richtschnur angehaltenen Lot maß der Meister [Everard aus Köln], wie tief das Fundament gegraben werden müsse, damit die auf den Grund gelegten Hölzer allzeit Wasser hätten.“[52]

Bei Isidor von Sevilla lesen wir in seinen im Mittelalter weit verbreiteten *Etymologiae*: „Das Einrichten von Wänden muss nach dem Rechtenwinkelmaß gemacht werden und dem Lot entsprechen. [...] Schließlich wird beim Bau, wenn nicht alles nach Lot und zuverlässigem Richtscheit geschieht, notwendigerweise alles falsch eingerichtet.“[53] Auch in vielen anderen Quellen wird auf die genaue geometrische Bemessung hingewiesen. Die Geometrie bestimmt den Bau. So wird im 13. Jahrhundert Gott mit dem Bodenzirkel dargestellt (Abb. 48), wie er die Welt erschafft; entsprechend werden der Werkmeister und der Steinmetz durch die Attribute Zirkel und Rechtenwinkelmaß in den Darstellungen charakterisiert (Abb. 3).

Die mittelalterlichen Werkmeister haben mit den aufgeführten Instrumenten und geometrischen Vermessungsmethoden die Kirchengrundrisse und das aufgehende Mauerwerk in allen Einzelheiten sorgfältig und sehr genau bestimmt. Ungenauigkeiten und Abweichungen sind in örtlich ungünstigen Verhältnissen auf der Baustelle oder mangelnden Fähigkeiten des Werkmeisters begründet. Jedenfalls war es das Bestreben des Werkmeisters, nach den Regeln der Geometrie ein perfektes Bauwerk zu schaffen, das je genauer um so näher der Wahrheit und damit der Schönheit kommt und somit ein Abbild der göttlichen Schöpfung darstellt.

Nach der Vermessung und Ausschachtung zumindest eines Teils der Fundamentgräben findet die feierliche Grundsteinlegung durch den Bauherrn in Gegenwart möglichst vieler angesehener Persönlichkeiten statt. Darüber berichtet Abt Suger von Saint-Denis für den Chor seiner Abteikirche. Den Ritus beschreiben Sicard von Cremona (um 1160–1215) in seinem liturgischen Werk *Mitrale* und Durandus von Mende 1286/96 in seinem *Rationale*: Nachdem unter Assistenz eines Maurers Mörtel bereitet ist, legt der Bischof selbst den ersten Stein ins Fundament; während gesungen und gebetet wird, setzt der Maurer den Stein in Mörtel; danach sprengt der Bischof geweihtes Wasser über den Stein, anschließend auch „über alle Fundamente, falls sie schon ausgehoben sind; wenn sie noch nicht ausgehoben sind, besprengt er alle Stellen, die für die Fundamente der Kirche bestimmt sind“.[54]

50 (Rechts) Speyer, Dom, Mittelschiff nach Osten, Umbau und Einwölbung etwa 1090–1125.

Die Kirche wurde als Bischofssitz und Grablege der salischen Könige von Konrad III. 1025/30 gegründet, 1061 geweiht (Abb. 51, 52) und etwa 1090 – 1125 umfassend umgebaut (Erneuerung von Chor und Querschiff, Einwölbung des Mittelschiffs).

Um den Fundamentverlauf des Kirchenbaus auf der Baustelle abzustecken, „hat man in Speyer eine Längsachse festgelegt, die von der Ostrichtung um etwa 3,5° nach Süden abweicht, und eine Querachse, die aber nicht genau senkrecht dazu steht, sondern um etwa 2° nach Nordost-Südwest verdreht ist. Der Winkel wurde offensichtlich nur einmal bestimmt und die weiteren Grundrisspunkte dann durch Koordinatenmessungen innerhalb dieses Achsenkreuzes festgelegt."[55] Die Ungenauigkeit des rechten Winkels ist auf einen Messfehler zurückzuführen. Im Bauverlauf wurde an verschiedenen Stellen versucht, die Schiefwinkligkeit zu korrigieren. In der Krypta sind auch die einzelnen Pfeiler zwischen Vierung und Querarmen in sich schiefwinklig, d.h., ihre Fluchten wurden ohne Winkel mit ausgespannten Schnüren parallel zu der Hauptachse angelegt. Nachdem die Fundamentgräben entsprechend dieser Vermessung bis 4 Meter Tiefe zumeist bis auf den gewachsenen Boden ausgehoben (ca. 15 000 m³) und die Fundamente gemauert waren, folgte eine genaue

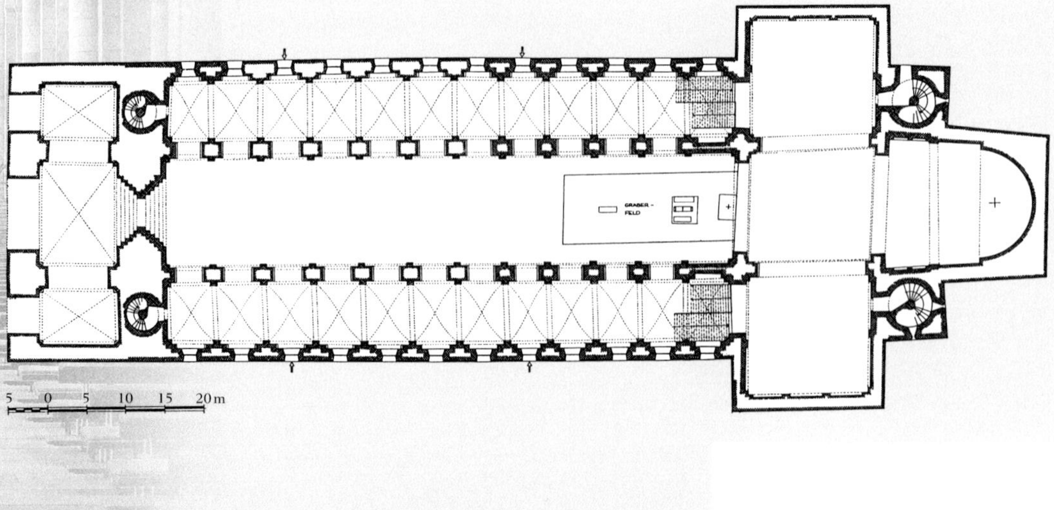

51, 52 Speyer, Dom, Bau I 1025/30 – 1061, Schnitt (Rekonstruktion) und Grundriss.

Der Dombau zu Speyer 1025/30 – 1061

Einmessung des aufgehenden Mauerwerks; dabei ergaben sich Differenzen gegenüber dem Fundamentverlauf, der vereinzelt durch Vormauerungen korrigiert werden musste. Bei den Mauern zeigt der Steinschnitt der zunächst kleineren, später größeren Buntsandsteinquader eine Entwicklung, die vom Einpassen jedes einzelnen Steins in das bis dahin schon gebaute Mauerwerk durch Ausklinkungen ausgeht und erst allmählich zum fertigen Vorrichten aller Quader für durchlaufende Schichten auf dem Werkplatz kommt.

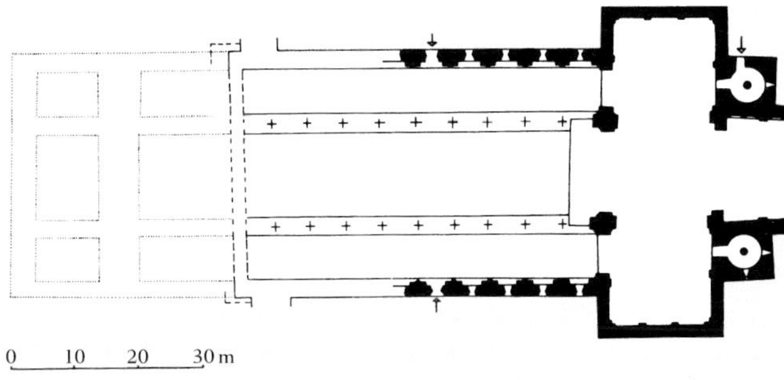

53 Speyer, Dom, Bau I, Grundriss, geplantes kürzeres Langhaus, 3. Bauabschnitt (I c).

In der Bauplanung lassen sich im Bauverlauf mehrere Planungswechsel feststellen. Bei Baubeginn mit der rechteckig ummantelten Krypta unter dem Ostchor (Abb. 54) bestand noch keine Vorstellung von der Fortsetzung nach Westen. Als die Krypta bis zur halben Raumhöhe aufgeführt war, wurden östliche Winkeltürme angefügt (Abb. 51). Nach Fertigstellung der Ostkrypta wurde die Ausdehnung der Krypta unter dem Querschiff mit ausgeschiedener Vierung geplant, dazu ein kurzes Langhaus (um 1039) (Abb. 53, 55). Inzwischen hatten der Chor und die Winkeltürme eine Höhe von 21 Metern erreicht. Nun folgte eine weitere Planänderung: es wurden das Langhaus nach Westen verlängert, die Seitenschiffe erhöht und ihre Gliederung verändert (Abb. 51, 52). Schließlich wurden die Vierungspfeiler verstärkt, um vermutlich einen Vierungsturm tragen zu können. 1041/46 wurde der Hochaltar geweiht; die Ostteile waren fertig. Anschließend wurden der Westbau und der Obergaden des Mittelschiffs (1045 datiertes Gerüstholz) gebaut und die Seitenschiffe eingewölbt; diese Gewölbe waren nicht von Anfang an beabsichtigt, sondern erst im Bauverlauf geplant. Die Wandgliederung mit den Halbsäulen, die die Gurtbogen tragen, sind wie im Mittelschiff nicht unbedingt Teile einer Raumkonzeption, die Gewölbe voraussetzt. Somit war die Kirche nach 30 Jahren Bauzeit vollendet und konnte 1061 feierlich geweiht werden.

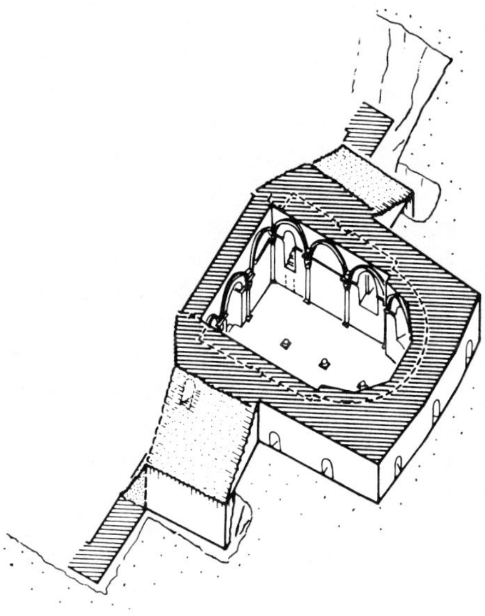

54 Speyer, Dom, Bau I, Ostkrypta, 1. und 2. Bauabschnitt (I a, b).

Wichtig ist festzuhalten, dass für eine der größten romanischen Kirchen (134 Meter lang), die als Grablege des Herrscherhauses vorgesehen war und genutzt wurde, keine Planung vorlag, sondern die Baugestalt sich erst während des Baufortganges durch mehrere Planänderungen entwickelt hat.

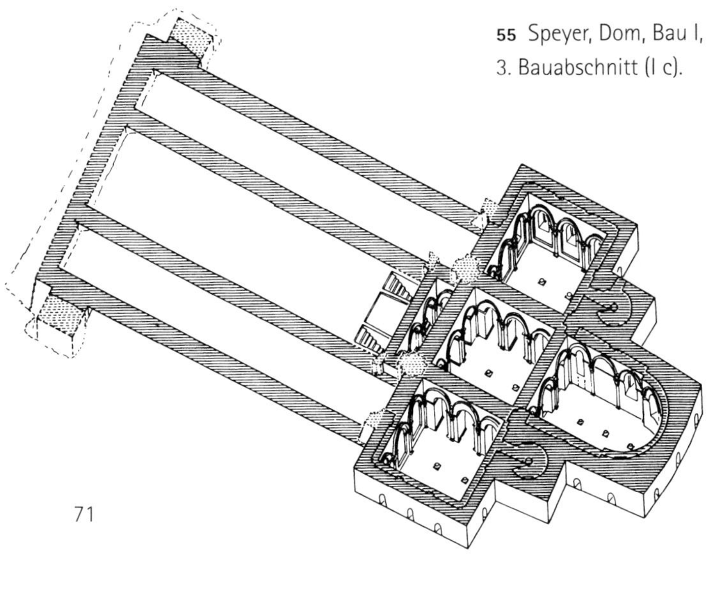

55 Speyer, Dom, Bau I, 3. Bauabschnitt (I c).

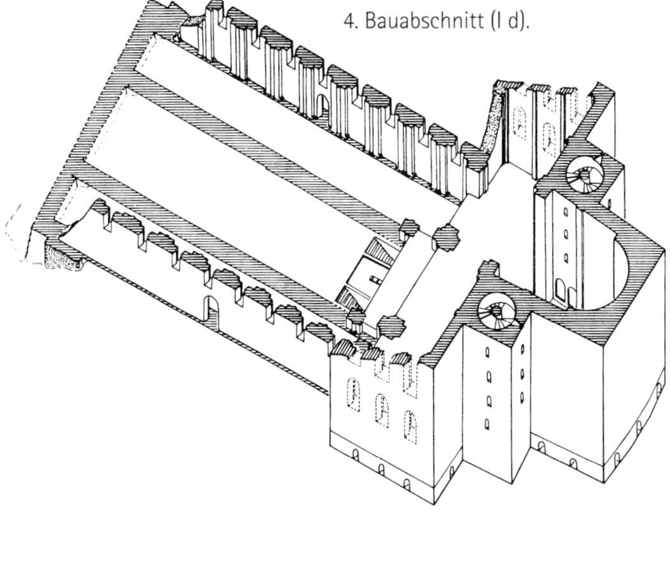

56 Speyer, Dom, Bau I, 4. Bauabschnitt (I d).

Konstruktion ohne Statik

Die technischen Probleme, die der Werkmeister beim Bau einer Kirche zu lösen hatte, waren vielfältig. Dabei waren die Leistungen der Werkmeister beachtlich und auch im 20. Jahrhundert mit moderner Technik und Berechnung im Ergebnis kaum zu übertreffen. „Bisweilen werden in die Bauten Erklärungen hineingeheimnist, die erst die Unbestechlichkeit der Statik eindeutig aufklären kann. Die Gotik versucht erfolgreich, Masse durch Konstruktion zu ersetzen, und wo nicht möglich, zu reduzieren. [...] Selbst heute könnte man eine gotische Kathedrale mit gleichem Material nicht wesentlich besser bauen, d. h. nach unseren Sicherheitsvorschriften nicht dünner, im Bauvorgang nicht rationeller, in der Konstruktion nicht einfacher."[56] Wölbungen, die seit Speyer (Seitenschiffe um 1050, Mittelschiff um 1100) auch die Mittelschiffe der Kirchen überspannen, zählen wie die Strebebogen zu den primären technischen Problemen (Abb. 57, 58).

Der Verfasser des pseudoraffaelischen Gutachtens über die römische Baukunst gibt im 15. Jahrhundert, wie alle Renaissancetheoretiker von Alberti bis Paolo Frisi, dem Rundbogen den Vorzug vor dem Spitzbogen, was nicht nur mit ästhetischen, sondern auch mit konstruktiven Erwägungen begründet wird, wobei sogar behauptet wird, dass das gerade Gebälk, dessen Schwäche Vasari offen zugesteht, den Spitzbogen an Stabilität noch übertreffe. Demgegenüber hatte um 1460 Filarete eine konstruktive Überlegenheit des Rundbogens über den Spitzbogen ausdrücklich in Frage gestellt, dem Ersteren allerdings aus ästhetischen Gründen den Vorzug gegeben; konstruktiv schreibt er dem Spitzbogen günstigere Eigenschaften zu, da er den stets empfindlichen waagerechten Scheitel des Rundbogens vermeide und das Gewicht der Mauern und der Gewölbe direkter auf die Mauerkrone ableite. Die Festigkeit eines Rundbogens ist nach Filarete erst dann der eines Spitzbogens ebenbürtig, wenn seine Fundamente eine angemessene Stärke besitzen. Für ihn liegt die größere Schönheit des Rundbogens in dem Gleichmäßigen, Gesetzmäßigen, das mit einem Blick erfasst werden kann; dagegen findet seiner Ansicht nach das Auge an der gebrochenen Linie des spitzen Bogens einen unangenehmen Widerstand. Man kann also festhalten, dass bei den italienischen Architekturtheoretikern Konstruktionserfahrung und ästhetische Bewertung ausschlaggebend waren und nicht Berechnungen.

Den mittelalterlichen Prüfungsordnungen der Universitäten ist zu entnehmen, dass rechnerisches Wissen nicht verlangt wurde. Die Prüfungsordnung von Oxford schreibt 1408 nur das Rechnen mit ganzen Zahlen vor. Erst im Laufe des 15. Jahrhunderts findet sich vereinzelt Unterricht im Rechnen, dann jedoch nur linear mit ganzen Zahlen. 1548 wird in Bayern Rechnen obligatorisches Lehrfach an den Schulen. Im gleichen Jahr gibt der Nürnberger Arzt und Mathematiker Walter Ryff (Rivius) dem Rechnen nur unterstützende Funktion für die Geometrie und für die Berechnung von Materialbedarf und Löhnen. Ryffs Forderung „das fur allen dingen dem künstlichen Architecto von nöten sey, das er des schreibens und lesens [...] guten verstandt und wissen hab", ist wohl berechtigt, denn Architekten und Baumeister konnten auch im späten Mittelalter häufig nicht schreiben. 1535 erstellt Graf Reinhart von Solms (1491 – 1562) sehr umständliche Massenberechnungen, und Endres Tucher erwähnt 1465/75 nur das Rechnen mit Kerbhölzern, die auch Graf Solms für die Abrechnung der Baumeister mit den Bauverwaltern aufführt: „du

57 Chartres, Kathedrale Notre-Dame, Chor, Strebewerk um 1220, der obere Bogen ist eine Veränderung, um den Winddruck auf das Dach abzufangen.

58 Beauvais, Kathedrale Saint-Pierre, Chor von Osten, Chorumgang und Kapellenkranz 1227–1245, Hochchor und Einwölbung 1255–1272. Dünne, 50 Meter hohe Strebepfeiler mit Strebebogen stützen das Gewölbe und bilden zugleich ein mehrschichtiges Netz um den Hochchor. 1284 im Langchor eingestürzt und bis 1324 durch den Maurermeister Guillaume de Raye und den Steinmetzmeister Aubert d'Aubigny wiederhergestellt, indem die Spannweite der Arkaden halbiert wurde.

solt alle wochen alss den Sontag deinenn bawschreiber unnd bawdiener zu dir komen lassen mit jren kerphöltzen und so alle wochen deine Register machen und schließen."

Stattdessen findet man seit dem 12. Jahrhundert in den Quellen immer wieder den Hinweis auf die Geometrie, die noch Ryff als wichtiges Element der Baukonstruktion nennt. Villard de Honnecourt schreibt um 1220/30: „Denn in diesem Buch kann man guten Rat finden über die große Kunst der Maurerei und die Konstruktionen des Zimmerhandwerks; und Ihr werdet die Kunst des Zeichnens darin finden, die Grundzüge, so, wie die Disziplin der Geometrie sie erheischt und lehrt." Die Lösungen gestalterischer und steinmetzmäßiger Probleme werden mittels geometrischer Hilfsfiguren dargestellt. Der französische Baumeister Jean Mignot, um 1400 Leiter der Bauarbeiten am Mailänder Dom, wird „ein wahrer Meister der Geometrie" genannt, Heinrich III. Parler 1401 „in der Geometrie sehr erfahrener Meister" und der in Bordeaux tätige Colin Tranchant „Meister der Geometrie"; schließlich rühmt sich ein *maître de la maçonnerie de Paris* als großer Geometriker und Zimmermann, der der oberste der Maurer ist. Derartige Belege ließen sich noch zahlreich anführen. Messen, Messwerk, ist die Geometrie, wie 1516 Lorenz Lacher in der Unterweisung an seinen Sohn aufführt und entsprechend für die Dimensionierung von Stützen auch nur in Proportionen angegebene Maßzahlen nennt.

Das Mittelalter kannte keine rechnerische Statik in unserem heutigen Sinne. Statik ist die Lehre bzw. die Theorie vom Gleichgewicht der Kräfte (dazu gehören statische Lasten wie Eigen- und Schneelast und dynamische Lasten wie Wind- und Verkehrslast), die auf feste, starre Körper einwirken. Die Baustatik untersucht die Art und Herkunft jener Kräfte, denen ein Konstruktionsglied ausgesetzt ist, ferner dessen statisches und dynamisches Verhalten unter verschiedenen so genannten ‚Lastfällen' (Normallast, ‚Bruchlast') und bestimmt alle Abmessungen von Bauteilen, damit diese den denkbar ungünstigsten Belastungen widerstehen können, ohne dass das Gleichgewicht und ihre Materialfestigkeit gefährdet wird. Die Konstruktion, die Summe der Tragelemente, sorgt für die Standfestigkeit eines Bauwerks. Die Grundlage zur Lösung dieser Aufgaben schufen Galilei (1564–1642) und Newton (1643–1727).

Die Anwendung auf die Baukonstruktionen ermöglicht die mathematisch genaue Ermittlung der zulässigen Belastungen, der erforderlichen Abmessungen aller konstruktiven Teile und ihrer Anordnung. Doch erst seit den empirischen Festigkeitsmessungen im 18. Jahrhundert sind diese Berechnungen voll anwendbar. Die Festigkeitslehre über die zulässige Belastbarkeit von Baumaterialien, d.h. das Verhalten der Baustoffe bei Hitze und Kälte, Eigengewicht und zulässige Spannungen, ist noch jung. Zu den frühesten Festigkeitsversuchen gehören die von Messenne (um 1626) und Mariotte, welcher um das Jahr 1670 seine Versuche mit Holz-, Metall-, und Glasstäben hinsichtlich Zug und Biegung durchführte. Tabellarische Festlegungen der gewonnenen Werte wurden 1707/08 von Parent (1666–1716) erstmals veröffentlicht. Genauere und vollständigere Werte gaben schließlich Musschenbrock (1692–1761) und Buffon (1707–1788). Das praktische Auftreten des wissenschaftlich berechnenden Ingenieurs fällt jedoch erst in die zweite Hälfte des 18. Jahrhunderts. Zuvor hatte Leonardo da Vinci theoretische Studien über die Belastbarkeit von Säulen und über das Verhalten von Gewölben angestellt, ohne zu wirklich greifbaren Werten oder Formeln zu kommen. Auch bei Dürer findet sich ein allerdings sehr überschlägiger Hinweis auf die Belastungsmöglichkeit einer Säule: „Daher kommt, dass man keiner Säule, die sich oben einzieht, etwas Höheres zu tragen geben soll, denn ihre Triangelspitze reicht." Ähnlich summarische Formulierungen geben das Gutachten von Annaberg von 1519 und die Protokolle der Mailänder Bauhütte 1391–1401 (siehe Seite 78–81).

Auch für Siena ist Ähnliches überliefert.[57] Die Mitglieder des Ausschusses von 1321, Lorenzo Maitani und seine Gefährten, gliederten ihre Bedenken gegen das Sieneser Baptisterium-Chorprojekt in drei Punkte: Technisch hielten sie den begonnenen Neubau für nicht durchführbar, liturgisch schien er ihnen unvernünftig, künstlerisch unglücklich. Zum technischen Befund merkten sie an, dass die Fundamente zu schwach seien, außerdem noch „arbeiten" würden und somit sich nicht dafür eignen könnten, zusammen mit älteren, die sich schon gesetzt hatten, Gewölbe zu tragen. Auch seien die Mauern der neuen Fassade, verglichen mit denen der Fassade von Giovanni Pisano, nicht stark genug, zumal sie weit höher aufragen müssten. Aus liturgischen Gründen lehnten sie die übermäßige Verlängerung des Chors über die Kuppel hinaus ab, weil dadurch der Hochaltar nicht mehr in der Mitte des Kreuzes unter der Kuppel verständlich bliebe. Künstlerisch beanstandeten sie die Proportionen des Baus, seine Länge, Höhe und Breite. Die alte Kirche sei in ihren Ausmaßen schön. Wenn man irgendwo etwas anfügen wolle, so würde man sie besser ganz zerstören. Man schlug vor, eine völlig neue Kirche zu bauen: „Es möge eine neue Kirche schön, groß und prächtig begonnen und gebaut werden, die gut proportioniert sei in Länge, Höhe und Weite und in allen Maßen, die zu einer schönen Kirche gehören und mit allen glänzenden Ornamenten, die zu einer so großen wie ehrenwerten und schönen Kirche gehören und zu erwarten sind."

Leonardo da Vinci vergleicht 1490/94 in seinem Gutachten zur Vollendung des Mailänder Doms den Architekten mit einem Arzt: „Nun bedarf auch der gebrechliche Dom eines solchen Mannes, nämlich eines Arztes in Eigenschaft eines Architekten, der genau weiß, was ein Gebäude ist und auf welchen Regeln das richtige Bauen beruht, woher diese Regeln kommen und in wie viel Teile sie geteilt werden, welche Ursachen das Gebäude zusammenhalten, und es beständig machen, worin die Natur des Gewichtes besteht und was das Bestreben der Kraft ist, wie sie sich verflechten und verbinden müssen und welche Wirkung sie beide zusammen hervorbringen. Wer die wahre Kenntnis von den erwähnten Dingen hat, der wird euch durch seine Vernunft und durch sein Werk überzeugen."[58]

Die Werkmeister stützten sich im Mittelalter auf bewährte Regeln als mündlich überlieferte Erfahrungen. Auch die spätmittelalterlichen Steinmetz-Musterbücher bzw. Traktate von Matthäus Roritzer 1486/88, Hans Schmuttermayer 1484/89 oder Lorenz Lechler (Lacher) 1516 ergeben nicht mehr; sie verweisen immer wieder auf die „Alten", auf die Vorgänger, Roritzer und Schmuttermayer sogar ausdrücklich auf die Junker von Prag, also die Parler. Die Bezugnahme auf die „Alten" und die Wertschätzung des *exemplum*, d.h. die Nachahmung alter und bewährter Vorbilder, wird dem mittelalterlichen Meister zur Pflicht gemacht.

In schwierigen Situationen und bei widersprüchlichen Meinungen werden Gutachtersitzungen angesetzt, zu denen man mehrere Meister zusammenholt. In Gerona beispielsweise waren es elf Architekten aus der Umgebung, die 1417 die Frage lösen sollten, ob die dortige Kathedrale ein oder drei Schiffe erhalten sollte. Für Mailand, Florenz,

Siena, Bologna und andere italienische Städte sind solche Zusammenkünfte überliefert. In Frankreich wurden die Kathedralen von Chartres, Cambrai, Sens, Beauvais, Limoges und Noyon entsprechend beurteilt. In England waren 1174 sogar Werkmeister aus Frankreich geholt worden, als die abgebrannte Kathedrale von Canterbury begutachtet werden sollte. 1492 wurden in Ulm 28 Meister vom Rat der Stadt um ihre Meinung gefragt, wie der drohende Einsturz des Münsterturms zu vermeiden sei. Jeweils war die Summe der Erfahrungen Grundlage für eine Entscheidung. Von Statik sollte demnach im Zusammenhang mit mittelalterlicher Baukunst nur dann gesprochen werden, wenn die Anwendung moderner Methoden zum Nachrechnen von historischen Konstruktionen gemeint ist, ansonsten ist allein der neutrale Begriff Konstruktion zu verwenden.

Standfestigkeit vor Schönheit

Der Baumeister darf nicht nur auf die Schönheit seines Werkes achten, sondern muss vor allem die Standfestigkeit berücksichtigen. In der Lebensbeschreibung des Yorker Bischofs Johannes (gest. 721) aus der zweiten Hälfte des 13. Jahrhunderts findet sich eine anschauliche Darlegung zur Frage der Standfestigkeit des Vierungsturms der Kirche: „Zu derselben Zeit wurde in der Mitte des Kreuzes [Vierung] derselben Basilika [St. Johann in Beverley] ein sehr hoher Turm gebaut, von wunderbarer und unvorstellbarer Schönheit, so sehr, dass die Vollkommenheit und Feinsinnigkeit der Kunstfertigkeit des Mauerwerkes sich dabei selbst stolz zur Schau stellte. Im Bau eben dieses Turmes war man so weit fortgeschritten, dass das Steinwerk fertiggestellt war; an der Vollendung des ganzen [Baus] hätte nur noch gefehlt, dass man darauf ein Dach setzte, von steinernem Werk und von einer Höhe, die der Proportion entsprach. Die Kunstfertigen, die dem Werk vorstanden, waren nicht so umsichtig, wie sie es hätten sein müssen, nicht ebenso klug, wie sie in ihrer Fertigkeit feinsinnig waren; sie verwandten ihre Sorgfalt mehr auf die Zierde als auf die Festigkeit, mehr auf die erfreuliche Wirkung als auf den Nutzen der Stabilität. Als diese nun die vier Hauptsäulen errichteten, also die Stützen der gesamten Last, die darauf gelegt werden sollte, da fügten sie diese feinsinnig, wenngleich nicht fest, in das alte Werk ein, nach der Art derer, die ein neues Stück Tuch an ein alt gewordenes annähen. Daher geschah es, dass sie weder die Basen noch die Schäfte der Säulen von jener Festigkeit herstellten, dass sie die gewaltige Last des so bewundernswerten und so steil sich erhebenden Baues hätten aushalten können; obgleich deren Instabilität im Fortschreiten des Werkes hinlänglich hätte bemerkt werden können – durch klaffende Öffnungen und Spalten der Teile, durch einen Riss, der durch gewisse Marmorsäulen der Länge nach von der Basis bis zum Epistyl ging –, meinten sie dennoch keineswegs, dass man von der Weiterführung des begonnenen Werkes ablassen müsste, obgleich es doch feststeht, dass jenes Gebäude, das über einem gebrechlichen Fundament errichtet wird, zum Einsturz bereitsteht. Je mehr sie also eine immer größere Ansammlung von Steinen drauflegten, umso mehr beschleunigten sie den tiefen Sturz des Turmes: umso riesiger wurden die Risse der Schäfte und Basen, je mehr sie es wagten, sie zu belasten."[59]

59 Der Mailänder Dom.

Expertenstreit: Die Mailänder Bauhütte 1391 – 1401

Zweifel an der Tragfähigkeit der Konstruktion gab es auch beim Bau des Mailänder Doms. Die ausführlichen Protokolle der Mailänder Dombauhütte geben darüber detailliert Auskunft und erlauben zugleich interessante Einblicke in das Wissen über Konstruktionen in der Zeit um 1400.[60] Für den 1387 begonnenen Neubau des Mailänder Doms (Abb. 59) war im Juli 1389 der französische Werkmeister Nicolas Bonaventure, *magister* und *inzignerius*, angeworben worden; er verließ bereits am 31. Juli 1390 die Baustelle wieder, weil man sich über die Dimensionierung der Vierungspfeiler nicht einigen konnte. Die Zweifel an der Richtigkeit des Entwurfs verstärkten sich, so dass der *Consilio della Fabbrica*, die Verwaltung der Dombauhütte, am 24. September 1391 den in Piacenza lebenden Gabriele Stornaloco, *expertus in arte geometrice*, um ein Gutachten über Höhe und Länge der Kirche bat, das er am 10. Oktober in Mailand erstellte; die Skizze und der erläuternde Brief sind erhalten.

Stornaloco ermittelte die Höhe des Mittelschiffs, indem er über der durch die Fundamente bereits festgelegten Breite des Langhauses von 96 Ellen ein gleichseitiges Dreieck konstruierte, dessen Höhe eine irrationale Zahl ergibt, die mit einer angenäherten, durch sechs teilbaren Zahl, nämlich 84 Ellen, angegeben wurde. Die Sechsteilung ergab sich aus der Forderung nach einer fünfschiffigen Kirche, deren Mittelschiff doppelt so breit wie die Seitenschiffe und deren Querschnitt in drei Stufen gestaffelt sein sollte. Aus dieser Teilung der Basislinie ergeben sich sechs ineinander gestellte gleichseitige Dreiecke, die die Kämpferlinien und Gewölbehöhen festlegen (Abb. 60). Am 27. November 1391 traf Heinrich von Gmünd, der Werkmeister des Ulmer Münsters, ein, um ein Gutachten vorzulegen, das er vermutlich mit einem hölzernen Modell erläuterte.

Die endgültige Entscheidung über die Lösung des Aufrissproblems sollte auf einer großen Zusammenkunft von 14 namentlich erwähnten Werkmeistern, u.a. Michael Parler, am 1. Mai 1392 getroffen werden; elf Fragen wurden vorgelegt, die durch Mehrheitsbeschluss geklärt werden sollten. Gefragt wurde: „Ob die Kirche selbst, den zu bauenden Vierungsturm im Maß nicht mit einbezogen, bis zum Quadrat oder bis zum Dreieck aufragen soll.“ Die Antwort lautete: „Sie haben erklärt, sie könne bis zum Dreieck oder bis zur dreieckigen Form aufsteigen und nicht darüber.“ Schließlich wurde die Mittelschiffhöhe von 84 Ellen bei Stornaloco auf 76 Ellen reduziert. „Frage: Wie viele Ellen

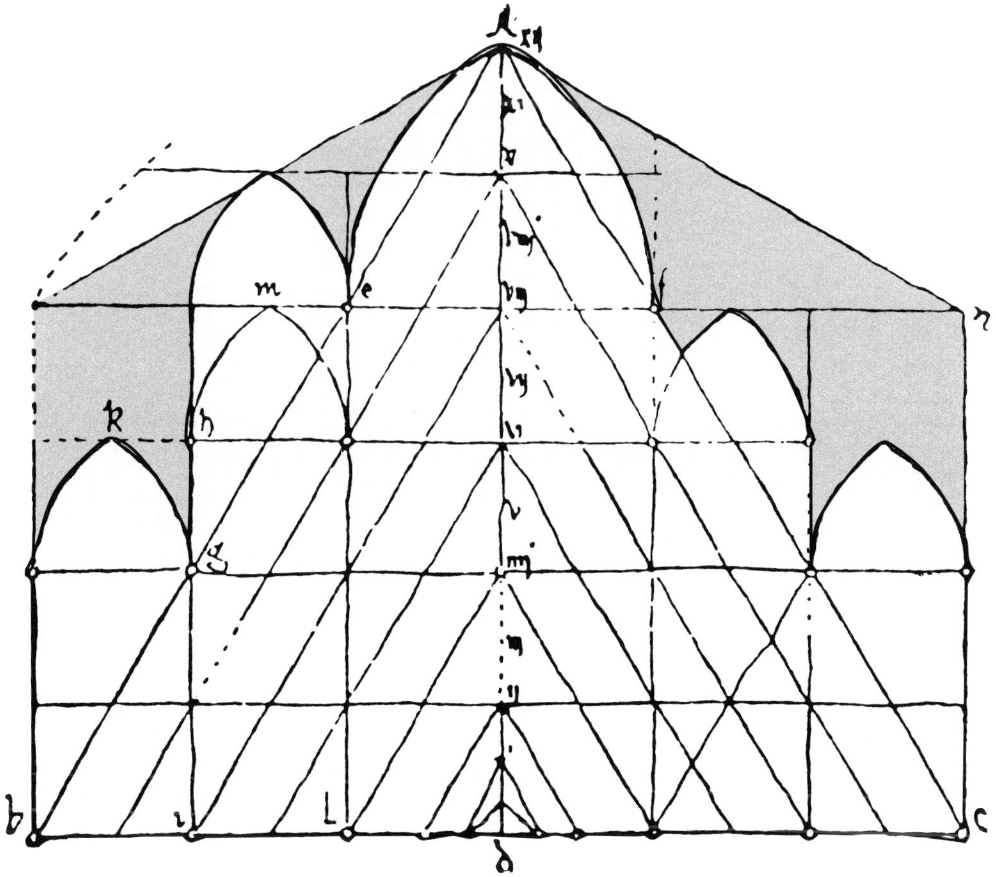

60 Gabriele Stornaloco: Querschnitt des Mailänder Doms; Entwurf 1391 mit Hilfe gleichseitiger Dreiecke.

die Mittelstützen aufsteigen, die oberhalb der großen Pfeiler vor der Mauer gemacht werden sollen bis zu den Gewölben bzw. Bogen, die darüber zu machen sind, und wie viele Ellen sollen die Gewölbe [hoch] sein, die über diesen gemacht werden sollen. Antwort: Sie haben beschlossen und erklärt, die Mittelstützen seien 11 Ellen [hoch] und das Gewölbe des Mittelschiffs selbst soll zum Dreieck aufsteigen, eben 24 Ellen."

Diese Frage wurde in der Sitzung vom 25. Januar 1400 wieder akut; dort erklärte die Baukommission gegenüber Johannes Mignot, „die genannte Kirche steigt auf *ad triangulum* [zum Dreieck], wie durch andere *inzignerii* erklärt worden ist." In einer Sitzung am 15. Mai 1401 wurde noch einmal das Dreiecksproblem aufgegriffen: „Im Vergleich zu jener ersten Anordnung gibt es einige Änderungen der Höhe, wenn man [den Bau] nach dem Projekt Mignots vollendet, aber diese Änderung ist lobenswert, weil sie der geometrischen Vernunft des Dreiecks folgt", ferner wird von „der rechten Ordnung des Dreiecks" gesprochen, „von der ein in der Geometrie Erfahrener weder abweichen kann noch darf".

Nach dem Tod der Werkmeister Giovannino de' Grassi (am 12. Juli 1391 zum *ingegnere della fabbrica* ernannt, von ihm stammt ein Holzmodell des Doms) und Giacomo Zambonino da Campione im Jahre 1398 waren Zweifel an der Stabilität des bisher Gebauten aufgetreten. Die *reverenda fabbrica* hatte sich daher 1399 um Hilfe an den in Paris lebenden flandrischen Maler und Baumeister Jacques Cona und seine beiden Mitarbeiter Johannes Campanosen und Johannes Mignot gewandt: Sie sollten eine neue Zeichnung „von den Fundamenten bis zur höchsten Stelle" ausarbeiten, die Magister Johannes Mignot vorlegte; er fand aber bei der Bauhütte kein Gehör und bat den Herzog um Vermittlung. Mignot wurde veranlasst, ein Gutachten zu erstellen, dessen 45 Kritikpunkte am 11. Januar 1400 diskutiert wurden.

Vorrangig ging es um die Stabilität der Pfeiler, denn „die Pfeiler, die die hinteren Abschnitte besagter Kirche zwischen den großen Fenstern zu stützen und aufrechtzuhalten haben, sind so schwach, dass es notwendig ist, zwei andere Pfeiler neben diese zu bauen, sonst wird dieser Teil der Kirche nicht so fest sein, wie er sollte, bevor diese beiden gebaut sind". Gemeint ist der Chor, dessen Mauern durch die großen Fensterflächen und durch Verzicht auf Kapellen nicht genügend Stabilität besaßen, um dem Schub der Gewölbe standzuhalten. Die angegriffenen Werkmeister beriefen sich auf die solide Ausführung des bisher Gebauten, die tief reichenden Fundamente, die sorgfältige Bearbeitung der Steinblöcke, die durch Dübel miteinander verbunden waren. Sie betonten die besondere Bauweise der Pfeiler selbst, die durch zusätzliche eiserne Zuganker noch belastbarer werden sollten. „Und über die besagten Kapellen beschließen wir [...] alle Spitzbogen seien entsprechend dem Vorbild, das von anderen erfahrenen Ingenieuren vorgeschlagen wird, wie die diese betreffend sagen, dass Spitzbogen keinen Druck auf die Strebepfeiler ausüben, und aus besagten Gründen schließen wir, dass alle Strebepfeiler stark und angemessen sind und noch größere Lasten aushalten, weshalb es nicht erforderlich ist, noch zusätzliche Strebepfeiler in irgendeinem Teil der Kirche zu bauen."

Da keine Einigung herbeigeführt werden konnte, vertagte man sich auf den 25. Januar 1400. Mignot verwies erneut mit Nachdruck auf die konstruktiven Mängel, die er bereits dem Bauausschuss der Mailänder Kirche schriftlich dargelegt hatte, „er sagte es wiederum und behauptete, dass alle Strebepfeiler um die besagte Kirche herum weder stark noch fähig sind, die Last zu tragen, die auf sie entfällt, denn sie müssen dreimal so stark – für jeden – sein als ein Pfeiler im Inneren der Kirche stark ist. Die [Mailänder Werk-]Meister antworteten: Hinsichtlich des ersten Satzes sagen sie, dass alle Strebepfeiler der besagten Kirche stark und fähig sind, ihre Last zu tragen und mehr, aus vielen Gründen, weil eine Elle unseres Marmors und Sarizos [?] nach jeder Seite so stark ist wie zwei Ellen der Steine Frankreichs bzw. der Kirche Frankreichs, welche er den oben genannten Werkmeistern als Beispiel vorhält. Diese sagen daher, dass, wenn sie ein oder eineinhalbmal so stark sind – und sie sind es –, als es die Pfeiler in der Kirche sind, dann seien diese Strebepfeiler stark und richtig; und wenn sie größer gewesen wären, dann hätten sie besagte Kirche verfinstert, wie es augenscheinlich die Kirche zu Paris zeige, die sowohl Strebepfeiler nach der Art des Meisters Johannes habe wie auch andere Gründe, die geschadet haben können."

Mignots Kritik wandte sich im Folgenden gegen vier Türme, die an den Ecken des geplanten Vierungsturms hinzugefügt werden sollten. „Ebenso sagte er, dass vier Türme angefangen sind, um den Vierungsturm der besagten Kirche zu stützen, und dass keine Pfeiler noch ein anderes Fundament da seien, fähig, die besagten Türme zu tragen; ja vielmehr, wenn die Kirche völlig fertig sei, würden sie sofort mit den besagten Türmen unfehlbar zusammenstürzen. Hinsichtlich dessen aber, was sicher aus Vorliebe geschehen sei, dass einige Unwissende anführen, die gespitzten Bogen seien stärker und von geringerer Last als die runden und dass weiter über anderes nach Willen und nicht nach Können verhandelt worden sei und, was noch schlimmer sei, dass entgegnet worden sei, dass das Wissen der Geometrie hier keinen Platz habe, weil das Wissen eines und die Kunst etwas anderes sei. So sagte der genannte Meister Johannes, dass „Kunst ohne Wissen nichts ist" (*ars sine scientia nihil est*) und dass die Bogen, ob gespitzt oder gerundet, nichts seien, wenn sie kein gutes Fundament hätten. Und überdies, obgleich sie gespitzt seien, hätten sie größere Last und Gewicht. Ebenso sagen sie, dass sie die Türme aus verschiedenen Gründen und Ursachen machen wollen, wie sie sagten, nämlich zuerst, um die vorgenannte Kirche und das [Vierungs]Gewölbe richtig zu machen, dass die dem Quadrat gemäß der Ordnung der Geometrie entspreche; ferner aber wegen der Stärke und Schönheit des Vierungsturms, nämlich fast nach dem Beispiel, wie Gott der Herr im Paradies auf seinem Thron sitzt. Um den Thron sind die vier Evangelisten gemäß der Offenbarung; und das sind die Gründe, weswegen sie angefangen worden sind. Und obgleich zwei Pfeiler bei jeder Sakristei nicht gegründet sind, da sie über der Erde anfangen, so ist doch die Kirche stark genug aus folgenden Gründen, da nämlich Vorsprünge sind, auf denen die besagten zwei Pfeiler stehen; und die besagten Vorsprünge sind aus großen Steinen und mit Eisenankern verklammert; und dass das Gewicht in den besagten drei Türmen überall über ihrer Grundfläche laste, und sie werden senkrecht und stark gebaut werden, das Senkrechte aber kann nicht fallen; daher sagen sie, dass die Türme an sich stark sind und daher dem Vierungsturm Halt geben werden, da er in der Mitte jener Türme eingeschlossen ist, wodurch die besagte Kirche sehr stark ist." Mignot wurde am 22. Oktober 1401 fristlos entlassen, weil seine Gewölbe weniger schön und weniger fest als die geplanten seien und weil Baufehler an den Sakristeien gerügt wurden.

61 Regensburg, Dom, Wölbungsvorgang mit Lehrgerüst und Schalung, um 1300.

Die aus den Mailänder Protokollen erkennbare Denk- und Handelsweise ist auch schon für das 12. Jahrhundert üblich. Nach der anonymen, auf Boëthius aufbauenden *Practica geometriae* aus der Mitte des 12. Jahrhunderts bietet die Geometrie das Grundwissen für die Land- und Bauvermessung und ermöglicht auf diesem Weg die Umsetzung in die Form; hier ist das rechtwinklige Dreieck die Grundform, denn das Dreieck hat alle Dimensionen, und sein Inhalt ist die Hälfte des Quadrates.[61] Zudem wird jede Form durch das Göttliche bestimmt, das sich im Dreieck und Quadrat zeigt (*triangulatio vel quadrangulatio*), wie Thierry von Chartres in der Mitte des 12. Jahrhunderts formuliert hat.[62]

Bauablauf und Bauzeiten

Die großen Kathedralen sowie Pfarr-, Stifts- und Klosterkirchen sind teilweise in überraschend kurzer Zeit errichtet worden, sofern ein einflussreicher Bauherr über ausreichende Baustoffe und finanzielle Mittel verfügte und Spezialhandwerker sowie Hilfsarbeiter in gewünschter Zahl bereitstellen konnte. Bis auf wenige Ausnahmen wurde bei einem Neubau mit dem Chor im Osten begonnen, dann folgte das Querschiff. Um für das Vierungsgewölbe ausreichende Standsicherheit zu erreichen, musste das östliche Joch des Mittelschiffs zumindest teilweise als Gegenlager mit hochgezogen werden. Eine provisorische, zumeist aus Holz konstruierte „Staubwand" wurde dann unter dem westlichen Vierungsbogen eingefügt, sodass die Ostteile geweiht und benutzt werden konnten, während man am Langhaus und schließlich am Westbau baute. Die Strebebogen mussten gleichzeitig mit den Gurtbogen und Rippen des Mittelschiffgewölbes über Stützbogen aus Holz gesetzt werden, damit der Schub des Gewölbes durch die Strebebogen auf die Strebepfeiler abgeleitet werden kann (Abb. 61). An die Kirchweihe schlossen sich die Arbeiten an den oberen Turmgeschossen an. Über den Baufortgang der Kathedrale von Canterbury in den Jahren 1175 – 1180 haben wir von dem Mönch Gervasius einen bis in Einzelheiten gehenden Bericht als Augenzeuge (siehe Seite 18 – 20).

Für die Klosterkirche Saint-Rémi in Reims berichtet der Mönch Anselm als Augenzeuge um 1056 über deren Weihe durch Papst Leo IX. und die voraufgehenden Baumaßnahmen.[63] Nachdem Abt Thierry (1031 – 1045) den von seinem Amtsvorgänger Airard nach 1005 begonnenen Werksteinbau bis auf die Fundamente und das Säulenmaterial abgebrochen hatte, wurden allseitig die Mauern der Seitenschiffe errichtet und die Innenwände in die Höhe geführt. Sodann ließ er den karolingischen Bau abbrechen, über den Brüderchor ein Notdach gegen Wind und Regen legen und über dem Grab des heiligen Remigius eine kleine Krypta bauen. Bei Thierrys Tod 1045 standen bereits fast „der gesamte rechte Querarm, während „der linke bis dahin nichts als die Grundmauern besaß". Sein Nachfolger Abt Herimann (1045 – 1070) baute runde Wendeltreppen als Aufgang zu den Emporen. Die Krypta des heiligen Remigius ließ er wieder einreißen, weil sie zu klein sei, und durch eine „herausragendere" ersetzen. Schließlich wurde das Dach aufgesetzt, dessen Balken er aus Wäldern des Klosters Orbais heranfahren ließ.

„So glänzte das Gebäude in allen seinen Teilen“ und wurde am 2. Oktober 1049 von Papst Leo IX. geweiht.

Den detaillierten Abrechnungen für die ersten drei Baujahre der Vale Royal Abbey (1278 – 1280) in England sind die Vorbereitungen für einen großen gotischen Kirchenbau sehr genau zu entnehmen.[64] Im ersten Jahr errichteten die Zimmerleute im Steinbruch und auf der Baustelle je eine Schmiede, in der ein Schmied und ein Gehilfe an einer mit Holzkohle befeuerten Esse die Werkzeuge reparierten, ein zweiter Gehilfe bediente den Blasebalg, ein dritter sammelte und verteilte Hammer, Bohrer und Steinbearbeitungswerkzeuge auf der Baustelle. Auch wurden Schlafräume für die Steinmetzen und andere Handwerker und ein Steinhaus für den Baumeister errichtet und geweißt. Im Juni 1279 wurden 1400 Bretter für die Werkstätte der Steinmetzen bezahlt, im April 1280 weitere 2000. Im Ganzen wurden in den drei Jahren für die Erstellung der Wohn- und Arbeitshäuser 12 300 Holzbretter gesägt und 67 000 Eisennägel gekauft.

Gleichzeitig mit den Zimmerleuten begannen sechs Trupps zu je acht Arbeitern, Steine im nahen Steinbruch zu brechen. Am 6. März 1278 wurden zehn Männer für die Vorbereitung des Geländes bezahlt, „wo der (Schnur-)Wurf für das Kloster geschehen sollte“; die Fläche wurde gereinigt, aufgefüllt und eingeebnet, um darauf die Grundrissvermessung vornehmen zu können. Im April schaufelten 200 Mann „Wälle und Gräben für einen Teich, von dem Wasser zum Bauplatz geleitet werden kann, um Mörtel zu machen“. Im Juli waren 44 Hilfsarbeiter damit beschäftigt, „die Fundamente für die Kirche auszuheben und zu legen, Mörtel zu mischen und ihn herbeizufahren, Sand auszuheben und Schubkarren zu fahren“. Im Januar 1280 wurden die gleichen Arbeiten von 18 Arbeitern ausgeführt.

Das enorme Tempo erforderte umfangreiche Vorbereitungen und ein hohes Maß an Organisation. Für zahlreiche große Kirchenbauten sind teilweise kaum vorstellbar kurze Bauzeiten aus den überlieferten Daten für den Baubeginn und die Weihe zu erschließen, beispielsweise für die Klosterkirche Saint-Denis unter Abt Suger: Westbau 1130/35 – 1140, Chor 1141 – 1144 (drei Jahre und 11 Monate), für die Sainte-Chapelle in Paris, die Pfalzkapelle des französischen Königs, Rohbau 1241 – 1245 (Weihe 1248), für den Chor von Canterbury 1175 – 1183 (dann Unterbrechung wegen Geldmangels), für die Prämonstratenserklosterkirche Saint-Yved in Braine um 1195/1200 – 1208, für das Dekagon von St. Gereon in Köln 1219 – 1227, für die Zisterzienserklosterkirche Le Lys bei Melun 1244 – 1248, für die Kirche des Klosters Maubuisson bei Pontoise Pfingsten 1236 bis Ostern 1242, für die Zisterzienserklosterkirche Royaumont 1228 – 1236, für die unteren Geschosse des Westbaus, das Langhaus und den Westteil des Querschiffs der Kathedrale von Amiens 1220 bis um 1230, für Chor, Querschiff und Osthälfte des Langhauses (ohne Gewölbe) der Kathedrale von Reims 1211 – 1233, für Chor und Querschiff von Saint-Bénigne in Dijon 1282 – 1287. Für kleinere Kirchen waren oft nur zwei bis drei Jahre notwendig: Beispiele wären etwa das Viktorinerstift Notre-Dame de la Roche 1232 – 1235, die Johanniterkomturei Saint-Jean-en-l'Ile in Corbeil 1223 – 1225, die Prämonstratenserabtei Joyenval 1221 – 1223 und das Dominikanerkloster in Rouen 1256 – 1257.

Andererseits sind vielfach an den Kirchenbauten deutlich längere Bauunterbrechungen zu beobachten. Zumeist ist der Grund dafür das fehlende Geld, aber auch Versagen der Bauführung, wie es für den Speyerer Dom und für die Kathedrale von York überliefert ist.

62 Köln, Dom, Blick vom Mittelschiff in den Chor, Grundsteinlegung 1248, Chorweihe 1322.

63 Köln, Dom, Chor 1248 begonnen unter Werkmeister Gerhard, um 1300 fertig, um 1310 verglast, 1322 geweiht, an den Pfeilern Figuren der Apostel, Christus und Maria als Träger der *ecclesia spiritualis*, um 1270.

Der Kölner Dom 1248 – 1560

Der Petrus und Maria geweihte Kölner Dom aus dem 10. Jahrhundert erforderte einen Neubau (Abb. 62, 63), nachdem Erzbischof Reinald von Dassel die höchst verehrungswürdigen Gebeine der Heiligen Drei Könige als Kriegsbeute 1164 von Mailand nach Köln gebracht hatte. Spätestens zu Beginn des 13. Jahrhunderts kam deshalb der Wunsch nach einem Neubau auf.[65] Erzbischof Engelbert I. (1216 – 1225) drängte das für den Dom zuständige und verantwortliche Domkapitel zum Neubau und stellte große jährliche Zuwendungen in Aussicht. Erst im Frühjahr 1247 fasste das Domkapitel jedoch den Beschluss über die Finanzierung des Dombaus. Als man am 26. April 1248 den alten Chor mittels Feuer zum Einsturz bringen wollte, brannte durch Fahrlässigkeit der ganze alte Dom ab. Die Dächer über dem Westteil bis zu einer Abmauerung hinter der vierten Mittelschiffarkade von Westen waren 1251 wiederhergestellt. Nach Abschluss der Abbrucharbeiten und Säuberung des Bauplatzes konnte die Vermessung des Chores vorgenommen werden; am 12. August 1248 fand sodann die feierliche Grundsteinlegung zum Neubau durch Erzbischof Konrad von Hochstaden (1238 – 1261) statt.

Als ersten Bauabschnitt baute der Werkmeister Gerhard die sieben Kapellen des Chorumgangs (Abb. 64, 65). 1261 wurde Erzbischof Konrad in der Achskapelle bestattet, die damals bereits fertiggestellt und verglast war. Der zweite Werkmeister Arnold (nachgewiesen 1271 – 1299) vollendete in wenigen Jahren das Erdgeschoss des Chores bis zum Abschlussgesims, jedoch ohne die Querhausfassaden (Abb. 66). An den noch offenen Stellen im Westen, Süden und Norden sowie gegen den Binnenchor, der Baustelle blieb, wurde dieser Bereich abgemauert und bereits um 1265 für den Gottesdienst benutzt. Um 1300 war der Hochchor mit seinem Gewölbe und dem reichen Strebewerk vollendet (Abb. 67). Spätestens jetzt war die Mauer fertig, die den Chor nach Westen abschloss und erst 1863, als die 1560 unterbrochenen Bauarbeiten wieder aufgenommen wurden, beseitigt wurde. 1308 – 1311 wurde das Chorgestühl geschnitzt und aufgestellt; um 1310 war die Verglasung der 15 Meter hohen Obergadenfenster vollendet, und bald waren auch die 14 Pfeilerfiguren aufgestellt. Am 27. September 1322 fand anlässlich einer Provinzialsynode die feierliche Weihe des Chores statt (Abb. 67). Anschließend wurden ab 1325 die Langhaus-Seitenschiffe gebaut. Nach 1357 begann man den Südwestturm (Abb. 68) nach dem um 1300 gezeichneten Westfassaden-Riss F (Abb. 22). Der plastische

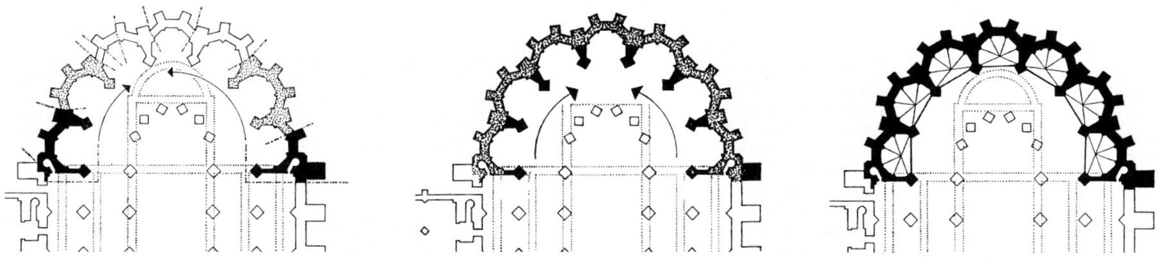

Schmuck des Petersportals im Südwestturm entstand um 1370/80. Das 2. Obergeschoss wurde erst 1410 vollendet, und in einer Höhe von 59 Metern endete die Bautätigkeit am Turm; der Baukran blieb bis zum Weiterbau nach 1842 stehen. Im 15. Jahrhundert wurde am Langhaus und Querschiff gebaut, sodass die ganze Grundfläche provisorisch unter Dach kam und genutzt werden konnte. Unvermittelt endete 1560 die mittelalterliche Bautätigkeit. Erst am 4. September 1842 legten Erzbischof Johannes Kardinal von Geissel und der preußische König Friedrich Wilhelm IV. den ersten Stein zum Weiterbau, der am 15. Oktober 1880 in Anwesenheit von Kaiser Wilhelm I. vollendet wurde.

64 Köln, Dom, Chorumgang und Kapellenkranz, Baustufen 1245 – ca. 1260. (A. Wolff 1968).

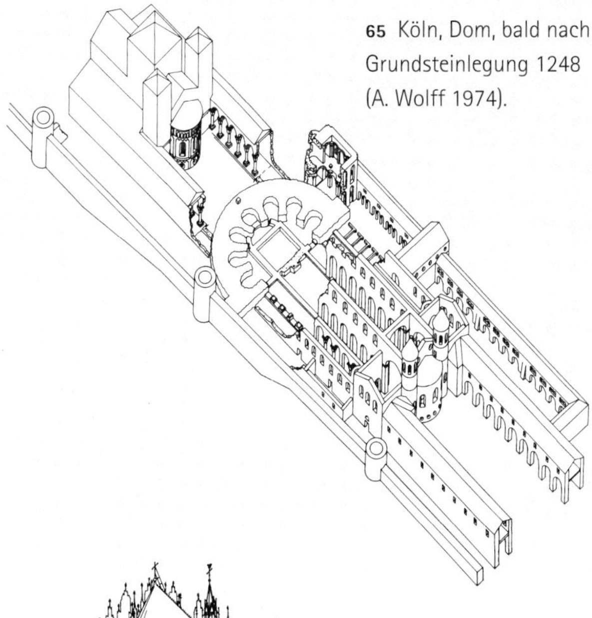

65 Köln, Dom, bald nach der Grundsteinlegung 1248 (A. Wolff 1974).

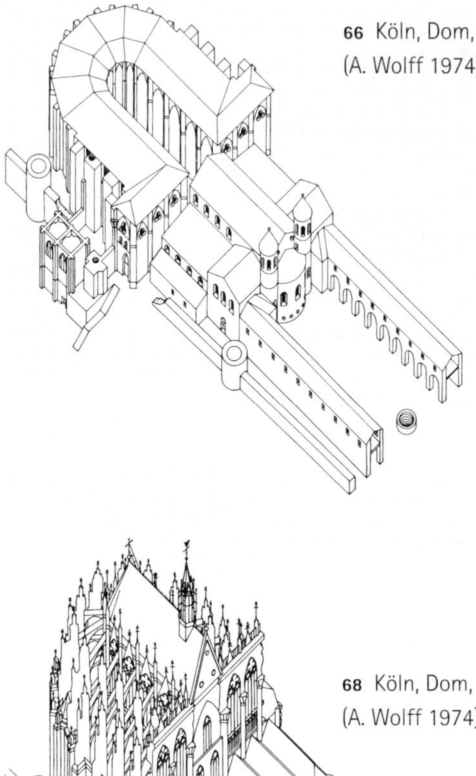

66 Köln, Dom, um 1265 (A. Wolff 1974).

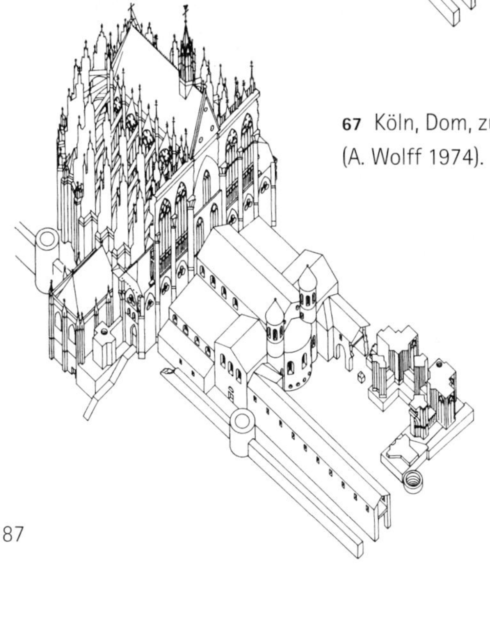

67 Köln, Dom, zur Weihe 1322 (A. Wolff 1974).

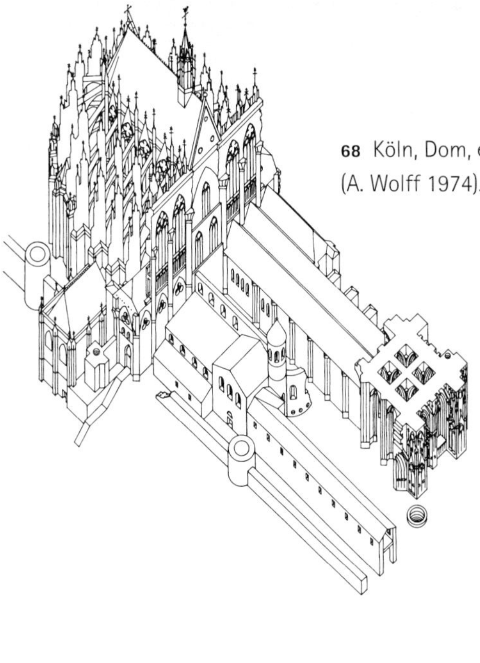

68 Köln, Dom, etwa 1388 (A. Wolff 1974).

IV. Die Handwerker

69 Bau eines gotischen Polygonchores aus verputzten Backsteinen, um 1468: Man sieht Maurer, Mörtelmischer und Träger mit Buck, Leiter und Bockgerüst. Chroniques de Hainaut II., Buchmalerei aus Brügge (Brüssel, Bibl. Royale, Ms. 9243, fol. 168).

Handwerksberufe und Arbeitszeiten

Auf einer mittelalterlichen Kathedralbaustelle waren verschiedene Handwerker (*artifices, operarii*) und zahlreiche Hilfsarbeiter (*garciones, famuli, servi, knechte*) beschäftigt, ferner ein Hüttenknecht, mehrere Mörtelmacher (*morteliers, morterrürer*), Windeknechte und Erdarbeiter (*fodiatores*). Als Fachkräfte standen zur Verfügung: Maurer (*caementarii, lathomi, muratores*, seit 1271 auch *murer* genannt), Steinmetzen bzw. Bildhauer (*lapicidae, sculptores, caesores lapidum*, seit dem Ende des 13. Jahrhunderts auch *steinmetz* genannt), Zimmerleute (*carpentarii, zimerman*), Schmiede (*fabri*) und zeitweise Dachdecker (*tegulatores, decker*), Seiler (*funifex, seiler*) und Glaser (*vitrarius*) sowie im Steinbruch Steinbrecher (*fractores lapidum, incisores in lapidicina, quarriatores*). Die nach dem Stadtbrand von London 1212 festgelegte Höchstlohnliste führt als Bauhandwerker auf: Zimmermann (*carpentarius*), Maurer (*caementarius*), Dachdecker (*tegulator*), Steinmetz/Bildhauer (*sculptor lapidum*), Tüncher (*dealbator*), Lehmbewerfer (auf Flechtwerk in Fachwerkwänden, *appositor luti*) und Putzer (*torchiator*).[1] Die 1268 vom französischen König Ludwig IX. veranlasste Aufstellung der in Paris vorhandenen Handwerker enthält den Bau betreffend: Maurer (*macons*), Steinmetzen (*taillieurs de pierre*), Putzer (*plastieres*), Mörtelmacher (*morteliers*), Zimmerleute (*charpentiers*) und Schreiner (*huissiers*).[2] 1292 zahlten in Paris 15 200 Personen Steuern, darunter 104 Maurer, 12 Steinmetzen, 36 Gipser, 8 Mörtelmacher, 20 Steinsetzer, darunter auch mehrere Frauen als Gipserinnen, Mörtelmacherinnen und wenige Maurerinnen; die geringe Zahl der steuerpflichtigen, d. h. ortsansässigen Steinmetzen erklärt sich daraus, dass die Steinmetzen zumeist als Wandergesellen beschäftigt waren.

Die Zahl der auf einer Kirchenbaustelle beschäftigten Handwerker und Hilfsarbeiter war sehr unterschiedlich. Sie konnte von Jahr zu Jahr verschieden sein, aber auch innerhalb eines Arbeitsjahres von Frühjahr bis Herbst deutlich schwanken. An der Westminster Abbey, die König Heinrich III. neu bauen ließ, waren von Mitte Juni bis zum 20. Juli 1253 beispielsweise bis zu 435 Personen beschäftigt, darunter 130 Steinmetzen und 220 Hilfsarbeiter, ferner Marmorarbeiter, Polierer, Maurer, Zimmerleute, Schmiede, Bleigießer und Glaser. Während der Ernte im September ging die Zahl auf etwa 200 zurück, wobei vorrangig die Hilfsarbeiter die Baustelle verließen. Nach der Ernte waren bis zum 9. November dann wieder bis zu 160 Hilfsarbeiter beschäftigt, anschließend blieben nur noch die ebenfalls in ihrer Zahl reduzierten Fachkräfte zurück, immerhin noch 100 Personen.[3]

An der Klosterkirche von Vale Royal waren bis zu 231 (im Juni 1278) und durchschnittlich 135 Handwerker und Hilfsarbeiter tätig, und zwar arbeiteten 1278 bis zu 64, 1279 bis zu 39 und 1280 bis zu 51 Steinmetzen gleichzeitig bei einer durchschnittlichen Beschäftigungsdauer von fünf bis zehn Monaten. Von den 30 im Jahre 1280 beschäftigten Steinmetzen waren elf 29 – 36 Monate und vier 12 Monate auf der Baustelle, alle übrigen nur für kürzere Zeit, wie auch im ersten Jahr kürzere Verweilzeiten üblich waren.[4] Aus den für Vale Royal überlieferten Namen ist zu erkennen, dass die insgesamt 486 beschäftigten Fuhrleute, Gräber und Steinhauer aus der Gegend stammten, von den 71 Zimmerleuten und Schmieden etwa die Hälfte, von den 131 Steinmetzen nur etwa fünf bis zehn Prozent. Die Handwerker auf großen und bedeutenden Baustellen kamen in der Regel von weither. 1372/78 waren am Prager Dombau unter dem Werkmeister Peter Parler Handwerker aus Köln, Westfalen, Brabant, Meißen, Sachsen, Ungarn, Polen, Österreich, Schwaben und Franken beschäftigt. Nach Xanten kamen Franzosen, Niederländer, Flamen und Österreicher.

Immer wieder wird in den Quellen die Beschaffung der Steinmetzen als besondere Leistung vermerkt. Aus den Steinmetzzeichen und Lohnlisten ist zu erkennen, dass die Steinmetzen während ihrer Wanderung häufig nur sehr kurze Zeit auf einer Baustelle gearbeitet haben, was dazu geführt hat, dass Erfahrungen sehr schnell von Baustelle zu Baustelle übermittelt wurden, aber auch die Hütten dazu veranlasst hat, im Spätmittelalter die Mindestzeit für die Tätigkeit auf einer Baustelle auf eine Woche festzulegen.

Wo die nicht ansässigen Handwerker schliefen (vermutlich in Herbergen oder bei den Bewohnern im Ort, vereinzelt auch in Holzhäusern neben der Baustelle) und wie sie verpflegt wurden (in Straßburg aus der Küche der Bauhütte), ist nicht überliefert, nur,

70 Eine romanische Baustelle mit den an einem Quaderbau beteiligten Handwerkern: Während links neben dem Turm ein Handlanger mit einer langstieligen beidhändig geführten Mörtelmischhacke den Mörtel in einem rechteckigen Trog mischt, trägt ein zweiter Handlanger den Mörtel in einer Mulde zum Turm. Rechts sind zwei Steinmetzen mit dem Behauen eines Quaders beschäftigt; der linke stellt mit Schlageisen und Holzklöpfel den Randschlag her, und der rechte arbeitet mit der beidhändig geführten Doppelspitze die stehen gebliebene Bosse auf die Ebene des Randschlages ab. Ein weiterer Handlanger trägt hinter ihnen einen bereits behauenen Quader zum Turm, wo zwei Steinmetzen mit dem Versetzen der Quader beschäftigt sind. Während der eine Steinmetz auf dem Turm kniet und mit dem Lot die Ausrichtung eines soeben versetzten Quaders prüft, legt der andere mit der rechten Hand das Richtscheit an die Mauer an und hält in seiner linken Hand eine Mörtelkelle. Herrad von Landsberg, *Hortus deliciarum*, fol. 27, nur als Kopie erhalten.

71 Steinmetzen bei der Arbeit auf dem Werkplatz, Galgenkran mit Haspel und Steinzange; Diepold Schilling, Amtliche Berner Chronik 1478 (Bern, Stadtbibl. Mss. hist. Helv. I, 1, 225).

dass der Bauherr bzw. die Hüttenverwaltung die Lebensmittel und gelegentlich auch Wein zur Verfügung stellten.

Das Arbeitsjahr für alle am Bau Beschäftigten war allgemein in zwei Teile, zwei Drittel (Sommer) zu einem Drittel (Winter), geteilt. Die tägliche Arbeitszeit dauerte im Sommer von 5 bis 19 Uhr, darin inklusive war morgens und mittags eine und abends eine halbe Stunde Essenszeit, die am Arbeitsplatz oder in der Hütte abgehalten wurde; samstags und vor religiösen Festen war schon um 15 Uhr Feierabend. Somit betrug die tägliche Arbeitszeit 11,5 Stunden, im Winter reduzierte sich die tägliche Arbeitszeit auf 10 Stunden oder auch weniger. Neben 52 Sonntagen im Jahr waren je nach Gegend noch 30–41 Feiertage arbeitsfrei. So kann man im 14./15. Jahrhundert von etwa 5,0–5,1 Arbeitstagen je Woche ausgehen, daraus folgt eine wöchentliche Arbeitszeit von etwa 55 Stunden.

Lohn und Brot

Für die Handwerker auf der Baustelle und im Steinbruch war es üblich, dass sie am Freitag oder Samstag entlohnt wurden. Die Hilfsarbeiter bekamen in der Regel ihren Lohn täglich ausbezahlt. Bei den Steinmetzen und Zimmerleuten war aber auch ein Stücklohn (Akkord, Fürgriff, Gedinge) üblich.

Der Franziskanermönch Berthold von Regensburg predigte zwischen 1250 und 1272 in Süddeutschland „Von den zehn Chören der Engel und der Christenheit". Im 2. Chor prangert er die Steinmetzen und Zimmerleute an, dass sie ihre Auftraggeber betrügen würden: arbeiten sie im Tagewerk, „so sollen sie nicht desto träger sein, auf dass die Werktage viele werden; arbeiten sie nach Übereinkunft (Akkord, Stücklohn), so sollen sie nicht umso schneller eilen, damit sie bald weiterkommen und dass das Werk über ein Jahr oder zwei niederfalle".[5]

Bei der Höhe des Tagelohnes wurde die geringere Arbeitszeit im Winter berücksichtigt; er betrug etwas mehr als zwei Drittel des Sommerlohnes. Da der Geldwert in den einzelnen Gegenden sehr verschieden und eine Angleichung der Baulöhne an die Kaufkraftentwicklung gegeben war, können Vergleichszahlen nur jeweils für die betreffende Gegend und eine bestimmte Zeit gelten. So erhielt ein Bauhandwerksmeister in Nürnberg 1452 im Sommer 20 und im Winter 18 Denare, 1464 schon 24 bzw. 20 Denare und 1502 sogar 28 bzw. 24 Denare. Maurer, Zimmerleute und Dachdecker erhielten in der Regel den gleichen oder nur wenig geringeren Tagelohn wie die Steinmetzen; Putzer und Anstreicher bekamen davon drei Viertel und Hilfsarbeiter die Hälfte oder etwas weniger. Dem Werkmeister stand zusätzlich zu seinem Jahreslohn der gleiche Lohn wie den Steinmetzen zu, wenn er auf der Baustelle mitgearbeitet hatte. Lehrlinge verdienten je nach Lehrjahr den halben bis ganzen Lohn eines Gesellen.

Der Lohn wurde zumeist in Mark zu 12 oder 48 *solidi* oder in *libera* (Pfund, *talentum*) zu 20 *solidi* (sous, Schilling, sterling) zu 12 *denarii* (Denare, deniers, Pfennige, Halbpfennige = Heller, Hälbling) bezahlt (siehe Seite 28f.). Dazu kamen aber noch Sachleistungen in Form von Brot und Wein und im späteren Mittelalter wöchentlich Badegeld. Bei erfolgreichem Abschluss von Bauabschnitten, z. B. der Einwölbung, oder bei besonders anstrengender Arbeit bekam jeder am Werk Tätige ein Trinkgeld. Im 14. Jahrhundert haben einzelne Städte Höchstlohnverordnungen erlassen (wie schon 1212 London nach dem Stadtbrand), wobei aber auch darin Sachleistungen nicht geregelt sind. So ist es kaum möglich, sich eine angemessene Vorstellung von Einkommen und Lebensstandard der am Bau beschäftigten Handwerker und Hilfsarbeiter zu machen. Das gilt entsprechend bei der Abrechnung in Stücklohn. Da auf einzelnen Baustellen Steinmetzen in Tagelohn und Stücklohn gleichzeitig nebeneinander beschäftigt waren, dürfte der Stücklohn etwa dem Tagelohn entsprochen haben. Warum diese Unterschiede im Arbeitsvertrag getroffen wurden, ist unbekannt; vielleicht wurden kurzfristig beschäftigte, durchreisende Gesellen zunächst mit Stücklohn eingestellt. Dieselbe Frage stellt sich bei Bauten, deren Quader Steinmetzzeichen tragen; auch hier sind jeweils nicht alle Steine mit Zeichen versehen.

Ausbildung vom Lehrling bis zum Meister

Die Ausbildung der Handwerker ist nur sehr allgemein geregelt; noch im 15./16. Jahrhundert enthalten die Bruderschaftsordnungen nur wenige Vorgaben. In der Regel beginnt ein Lehrling (*diener, lereknecht*) mit 14 Jahren seine Ausbildung bei einem Meister, bei dem er auch wohnt und verköstigt wird. Jeder Meister darf nur zwei, höchstens drei Lehrlinge an ein- und demselben Bau beschäftigen. Die Lehrzeit beträgt im Steinwerk drei bis fünf Jahre. Zunächst lernt der Lehrling mauern und ist nach drei Jahren Maurer; dann lernt er Quader und Profile schlagen und ist Steinmetz. Bei ausreichender Begabung wird er zum „Laubhauer" ausgebildet, d. h. für Kapitelle und Verzierungen. Schließlich kann er auch zum Bildhauer aufsteigen. Nach einer mindestens einjährigen Wanderzeit, während der er auf möglichst bedeutenden Großbaustellen Erfahrungen sammelt und seine Kenntnisse und Fähigkeiten erweitert, kann er als Meister oder Parlier (Vertreter des Werkmeisters) auf einer Baustelle arbeiten oder sich zwei Jahre als „Kunstdiener" oder „Meisterknecht" bei einem Werkmeister verdingen, um die „Kunst" des Reißens (Zeichnen) und Entwerfens zu lernen. Nach erneuter Wanderung kann er sich dann als Werkmeister bewerben. Die Ausbildungszeit eines Werkmeisters konnte so zehn Jahre und mehr erreichen. Es gab aber auch Werkmeister, die schon etwas früher Werkmeister einer Großbaustelle wurden wie z. B. Peter Parler in Prag mit 23 Jahren. Mehrfach wird für Werkmeister betont, dass sie in Stein und Holz zu arbeiten befähigt sind. Aufgrund ihrer Ausbildung waren Werkmeister wie Peter Parler oft auch als Bildhauer tätig.

Für den Zimmermann war wie für die anderen Handwerker eine Lehrzeit von drei bis fünf Jahren gefordert und ebenfalls – wie teilweise heute noch – eine ein- bis zweijährige Wanderzeit üblich. Er war nicht nur für die komplizierten Dachwerke und für die Baugerüste mit Leitern und Laufschrägen zuständig, sondern auch für die Einschalung von Bogen und Gewölben (Abb. 61) und für die Baukräne; er erstellte auch die Bauhütten und fertigte den Reißboden und die hölzernen Schablonen für die Steinmetzen an.

Von großer Bedeutung für jede Baustelle war der Schmied. Er machte nicht nur die verschiedenen Eisenwerkzeuge, Wolf und Zange zum Heben großer Lasten, Nägel und Hufeisen, sondern auch komplizierte Eisenverankerungen, wie z. B. an der Sainte-Chapelle in Paris oder am Chor des Kölner Domes, wo Ringanker die Strebepfeiler untereinander verbinden.

Arbeitsalltag und Abläufe

Die Steinmetzen, Zimmerleute und Schmiede arbeiteten auf der Baustelle oder auf einer unmittelbar anschließenden Fläche unter freiem Himmel; allenfalls schützten leichte Überdächer vor dem Regen (Abb. 8, 10, 15, 84). Erst allmählich kamen im 13. Jahrhundert verschließbare Holzbuden auf, die den Steinmetzen auch die Winterarbeit ermöglichten; im Winter wurde die Hütte geheizt. Sie diente auch zum Aufenthalt während der Essenspausen.

Das verwendete Werkzeug ist in Zahl und Qualität bescheiden und seit der Antike durch das ganze Mittelalter hindurch bis in das 19. Jahrhundert weitgehend gleich: für die Maurer Kelle, Hammer, Lot und Lot- oder Setzwaage (Abb. 3, 4, 5, 73), für die Steinmetzen Spitze, Fläche, Setzeisen, Klöpfel, Winkel, Richtscheit und Zirkel, für die Zimmerleute Axt, Beschlagbeil, Säge, Stecheisen, Klöpfel, Richtscheit und Farbschnur (Abb. 72). Der Mörtelrührer mischt den Mörtel mit einer Hacke in einem mit Bohlen eingefassten Mörtelkasten, der mit einem flach geneigten Pultdach gegen Sonne und Regen geschützt ist (Abb. 74, 82).

Die im Steinbruch arbeitenden Steinbrecher, die zumeist aus der Gegend stammten und als Hilfsarbeiter bezahlt wurden, waren in Gruppen unter der Anleitung eines Steinbrechermeisters eingeteilt. Ihre Leistung war beträchtlich. Für die Zisterzienserklosterkirche Vale Royal in Cheshire/England wurden in drei Jahren (1278/81) 35 448 Karren Steine vom Steinbruch zur acht Kilometer entfernten Baustelle transportiert. Wahrscheinlich verließ jede Viertelstunde ein von Ochsen gezogener Karren den Steinbruch. Die Steinbrecher wurden im Tage- oder Stücklohn bezahlt. So erhielt der Steinbrechermeister Chevillard von der Dombauhütte in Autun je nach Größe und Form der Steine im Jahre 1295 für 1000 Steine 10 Livres, für 150 Steine 2 Livres, 9 Sous und 6 Deniers und für 200 Steine 4 Livres.

Schon seit dem 12. Jahrhundert wurden Quader oder Rohformen (Halbfabrikate) für Bauglieder im Steinbruch vorgefertigt, um den Transport zu erleichtern, aber erst zu Beginn des 13. Jahrhunderts lassen sich Typisierungen, d. h. Serienfertigung und Präfabrikation feststellen. Während an den Kathedralen von Laon (1160 – 1205) und Bourges (1200 – 1214) noch die traditionelle individuelle Einzelanfertigung kurz vor dem Versatz zu erkennen ist, findet sich am Chor der Kathedrale von Soissons (1200/05 – 1212) und

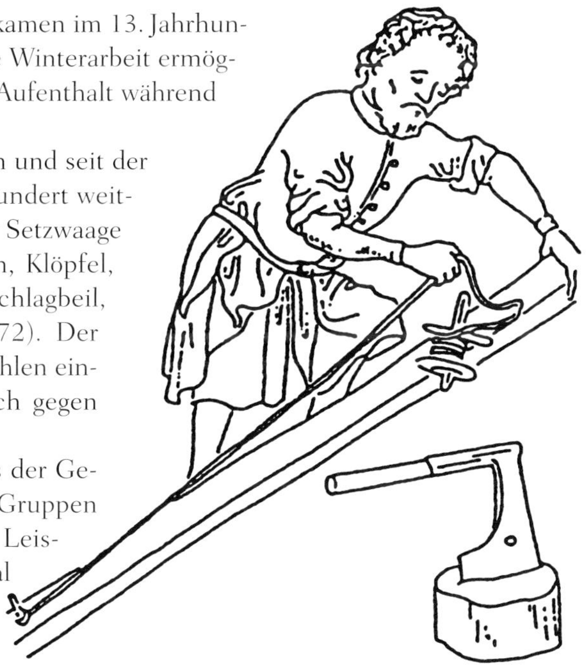

72 Ein Zimmermann markiert mit der frisch eingefärbten Schnur die Kante eines Balkens, um ihn anschließend mit dem Schlagbeil zu besäumen. Stundenbuch der Katharina von Kleve, Buchmalerei aus Utrecht, um 1440 (New York, Pierpont Morgan Library, Ms. 917, fol. 105).

73 Der Steinmetz (*steinmecz*) sitzt im ummauerten Hof auf einem einbeinigen Schemel. Er bearbeitet mit der beidhändig geführten Spitzfläche einen vor ihm liegenden Quaderstein, vorn sind seine Werkzeuge erkennbar: Winkel (Richtscheit), Lotwaage und Schablone. (fol. 4r)

74 Der Maurer (*mawrer*) setzt auf eine angefangene Mauer einen noch in der Zange an einem Auslegerkran hängenden Quaderstein. (fol.31v)

75 Der Mörtelrührer (*morterürer*) rührt mit einer Speishaue die mit einem Stützbrett gestaute Mörtelmasse, daneben sieht man einen hölzernen Wasserbottich mit Handgriff. (fol. 2v)

Im Jahr 1388 hatte der reiche Nürnberger Kaufherr Conrad Mendel eine Heimstatt für zwölf hilfsbedürftige, alte Handwerker gestiftet. Durch die Verfügung des Stifters, alle „Brüder" bei ihrer früheren Hantierung „in ein gewießes Buch zu malen", entstand 1425/36 mit späterer Fortsetzung eine vielfältige Quelle der Tätigkeiten und Gerätschaften der Handwerker. Dieses Hausbuch der Mendelschen Zwölfbrüderstiftung befindet sich heute in Nürnberg in der Stadtbibliothek.

Die Handwerker in der Mendelschen Zwölfbrüderstiftung zu Nürnberg

76 Der Putzer (*Düncher*) steht an der Traufseite eines ziegelgedeckten Hauses und verputzt von gestielter Palette mit der Kelle die Ziegelmauer, vorn rechts erkennt man einen Mörtelkasten mit Speishaue. (fol. 30v).

77 Der Zimmermann (*zymerman*) bohrt mit einem Löffelbohrer ein Loch für einen Holznagel in das Band einer vorgerichteten Fachwerkwand, auf der zwei Beschlagbeile (Breitbeile) liegen. (fol. 67r)

78 Der Zimmermann besäumt mit dem beidhändig geführten Beschlagbeil (Breitbeil) einen auf zwei Böcke geklammerten Balken. (fol. 37r)

79 Der Säger (*seger*) zersägt mit einer Rahmensäge ein Kantholz, das auf zwei Böcken über einer Sägegrube liegt, in der allgemein ein zweiter Säger steht. (fol. 39r)

80 Der Dachdecker (*decker*) steht auf einer an die Traufseite des Hauses gelehnten Leiter und fügt in der Dachmitte einen Ziegel ein, am Leiterholm Mörtelkübel mit Kelle, am Boden zwei Stapel Hohlziegel. (fol. 24v)

81 In einer französischen Bible moralisée werden um 1220 Bauarbeiten mit allen beteiligten Handwerkern dargestellt. Der Steinmetz bearbeitet mit Setzeisen und Klöpfel ein Kapitell, andere versetzen die Quader und kontrollieren mit einer Lotwaage ihre horizontale Lage. Über Laufschrägen tragen Handlanger in einem „Vogel" und einem Korb Mörtel und auf einer Trage Quader nach oben. (Wien, Österr. Nat. Bibl., Cool. 2554, fol. 50).

an der Kathedrale von Chartres (1194 – 1220) schon eine gewisse Typisierung. Eine serielle Vorfertigung ist jedoch erst am Langhaus der Kathedrale von Amiens (1220 – 1230) nachzuweisen, wo 28 große Gliederpfeiler unter Verwendung von zwei Steintypen einheitlich ausgeführt sind, während in Reims für die gleichen Gliederpfeiler noch acht Steintypen verwendet wurden, was auch schon als Besonderheit galt, denn Villard de Honnecourt hat den Befund 1220/30 in seinem Musterbuch durch genaue Fugenzeichnung festgehalten (Abb. 34). Sämtliche Rippenprofile, Vorlagen der Mittelschiffhochwand, Maßwerk der Fenster, Gesimse und Kapitelle sind nach Schablonen (Abb. 73), die zu Beginn des 13. Jahrhunderts aufkommen, einheitlich vorgefertigt. Zugleich wurde auch die Stapelbauweise eingeführt, d. h., die im Mauerverband stehenden Gliederungselemente, vorrangig die Dienstvorlagen (dünne Dreiviertelsäulen), wurden vorgefertigt und aufgesetzt, die Mauern dann dazwischen eingefügt. Diese um 1220 aufkommende Typisierung erlaubte den Steinmetzen, in größerem Umfang auch im Winter zu arbeiten (und im Sommer zu versetzen), und förderte damit eine kürzere Bauzeit und bessere Ausnutzung der Spezialkräfte. Noch beim Bau der Kathedrale von Chartres (1194 – 1220) sind Unterbrechungen während der Wintermonate nachzuweisen. Zugleich erforderte die Typisierung aber auch eine Festlegung der formalen Einzelgestaltung, d. h. maßstäbliche zeichnerische Darstellung, die Einführung von Schablonen und Bauplänen, zunächst als Ritzzeichnungen von einzelnen Baugliedern wie Maßwerkfenstern im Maßstab 1 : 1 ab etwa 1220 und dann auch ganzer Bauabschnitte wie etwa der Palimpseste der Westfassade von Reims um 1250/60 nach Vorlagen aus der Zeit um 1230/50 (Abb. 21). Um 1235 waren mit dem Bau des Chors der Kathedrale von Amiens die Entwicklungen abgeschlossen; beim Umbau von Saint-Denis 1231 – 1241 und beim Bau der Schlosskapelle Saint-Germain-en-Laye bei Paris (Abb. 14), die um 1238 begonnen wurde, sind die neuen Techniken eingesetzt.

Probleme auf der Baustelle

Über die allfälligen Probleme, mit denen sich – bis heute – ein Werkmeister auch zu beschäftigen hat, existiert ein aufschlussreicher Bericht über die Baustelle der Kathedrale von York für das Jahr 1345: „9. Januar. Mit den Löhnen, die gewöhnlich vierzehntäglich ausbezahlt wurden, ist man nun einen Monat und mehr in Verzug. Es ist angeordnet worden, fortan alle vierzehn Tage zu bezahlen und nicht weniger häufig. Er [der Werkmeister] sagt, er habe Roger de Hirton, den Maurer der Bauhütte, für fast zwei Wochen bezahlt, während denen er nicht arbeitete, da er abwesend war. Holz, Steine, Kalk sind verschwunden und niemand weiß wohin. Dach und Mauerwerk der Kirche sind aus Mangel an Pflege und Unterhalt in Mitleidenschaft gezogen. [...] Die Verantwortlichen des Baues und die Arbeiter, die zwar durchaus fachkundig scheinen, streiten sich so häufig, dass die Arbeiten verzögert werden und gefährdet sind. Die äußeren Pfeiler, die *botraces* genannt werden, sind mangels Wetterschutz fast alle eingestürzt. Auch ist der Zimmermann W. ein alter Mann und taugt nicht mehr viel, da er an Schwindel leidet. Es

wurde angeordnet, ihn durch einen jüngeren Mann zu ersetzen und ihn zur Beaufsichtigung der Arbeit einzusetzen. Der Maurermeister erschien am 11. Januar und erklärte, viele der Maurer handelten gegen seine Order, die Handlanger seien unbrauchbar und verstünden sich nicht auf ihre Arbeit; einige seien derart unbotmäßige Gesellen, dass man sie weder überwachen noch bestrafen könne, wie es sich gehörte. Balken, Steine, Kalk, Mörtel werden häufig gestohlen. Steine sind schon im Steinbruch abhanden gekommen. Was geliefert wird, ist unbrauchbar. Das Dach ist schlecht gemacht und lässt so viel Regenwasser durch, dass ein Lehrling beinahe ertrunken wäre. Das alles, weil auf dem Dach das Blei fehlt. Er beklagt sich auch, dass sich der Bürgermeister in alles, in seine Arbeit und in seinen Umgang mit den Arbeitern, einmischt. Er kann auch die Qualität der geleisteten Arbeit nicht überprüfen, weil allein Sir Thomas von Ludham die Schlüssel zur Bauhütte hat. – 11. Januar. Will[elm] de Wrsal, der stellvertretende Bauhüttenmeister, erklärt, die Hauptschwierigkeit liege darin, dass die Kräne an der Westseite der Kirche verfault und unbrauchbar seien. Der Zimmermeister bestätigt, es gebe keinen Beweis für die Unredlichkeit des Verwalters, außer, dass er einen oder zwei Steine verschenkt und dafür Geld bekommen habe. Er berichtet außerdem, dass der Raum, den Richard von Melton neben der Kirche errichtet hat, unbrauchbar sei und entfernt werden müsse. – 12. Januar. Es ist angeordnet worden, dass niemand außer dem Maurermeister befugt ist, Maurer einzustellen oder zu entlassen. Dieser hat dem Kapitel ungehorsame und widerspenstige Leute zu melden. Er hat dafür zu sorgen, dass den Arbeitern für richtig ausgeführte Arbeit der angemessene Lohn ausbezahlt wird. [...] Kein Maurer darf zukünftig einen höheren als den üblichen Lohn erhalten.“[6]

Die Steinmetzbruderschaften der Bauhütten

Gegenüber den in Zünften organisierten städtischen Handwerkern waren die Steinmetzen, die in den Hütten der Kirchen beschäftigt waren, benachteiligt, da sie zumeist nicht am Ort sesshaft und zum Umherziehen gezwungen waren, wenn die Hütte bei Bauabschluss aufgelöst oder bei Geldmangel reduziert wurde. So schufen sich die an Kirchen beschäftigten Steinmetzen unter Führung der Hüttenmeister um die Mitte des 15. Jahrhunderts eine überregionale Ordnung, um die überkommenen Gewohnheiten und Normen festzuschreiben und lebensfähig zu halten.[7]

Nach Zusammenkünften zu Speyer (vielleicht 1453/54) und Straßburg (1458) waren am 25. April 1459 in Regensburg oberdeutsche Steinmetzen, Meister und Gesellen aus dem Bereich zwischen Straßburg und Wien, zusammengekommen, um sich als Handwerk des Steinwerks und „steinmetzen in teutschen landen“ eine Ordnung zu geben, die für die an kirchlichen Großbauten in der Mitte des 15. Jahrhunderts arbeitenden Steinmetzen bestimmt war. Die Ordnung war eine „reine Willkür“, eine Satzung, die aus selbstständiger Rechtssetzung der Steinmetzen hervorgegangen war, denn die Tagungsteilnehmer hatten sich „diser ordnung unnd bruederschafft guettlich unnd freundtlich vereint unnd die einhelliglich uffgesetzt“. Sie hatten selbst für die Durchsetzung der Be-

92 Auslegerkran mit Laufrad, Steinzange und Seilschlaufe. Rudolf von Ems, Weltchronik, 1340/50 (Zürich, Zentralbibl., Cod. Rh. 15, fol. 6v).

stimmungen Sorge zu tragen. Um obrigkeitliche Anerkennung wurde gelegentlich nachgesucht; so kennen wir Schutzbriefe von 1464 für Obersachsen und 1498 von Kaiser Maximilian I. für das Straßburger Gebiet.

Die 93 Artikel umfassende, 1459 in Regensburg beschlossene Ordnung, die in der Thanner Handschrift vom Anfang des 16. Jahrhunderts am besten überliefert ist, besteht aus drei Teilen: nach einer Einleitung folgt ein umfangreicher Hauptteil, der mit den Namen der Unterzeichner – 19 Meister und 23 Gesellen – abschließt, ein zweiter Teil bezieht sich auf Angelegenheiten der Parliere und Gesellen, ein dritter auf die Diener, ergänzt um eine Straßburg betreffende Gottesdienstordnung. Die Regelungen beziehen sich zum einen auf Ausgestaltung und Funktionen der Organisation der Bruderschaft, zum anderen auf die alter Gewohnheit folgenden Handwerksverhältnisse. Das Geltungsgebiet der „teutschen lande" wurde in Artikel 39 – 41 aufgeteilt auf die Haupthütten in Straßburg (Kurpfalz, Franken, Hessen, Thüringen, Meißen, Sachsen, Schwaben, Süddeutschland), Wien (Österreich, Steiermark, Kärnten, Ungarn) und Köln (Nordwestdeutschland), wobei das Straßburger Gebiet das größte war und sein Werkmeister Jost Dotzinger „oberster richter sein soll" (Art. 39); er war mit zehn (von 19) Meistern aus seinem Gebiet vertreten, darunter so bedeutende wie Stephan Hurder aus Bern, Hans von Böblingen aus Esslingen, Vincenz Ensinger aus Konstanz und Peter Knebel aus Basel. Die in den „haupthüttenn" zu Straßburg, Wien und Köln tätigen Werkmeister hatten als Leiter jeweils eines Bruderschaftsgebietes für regelmäßig abzuhaltende zentrale Gottesdienste zu sorgen und als oberste Richter Entscheidungen in letzter Instanz zu treffen. Sie konnten Tagungen in ihrem Gebiet abhalten und Einfluss auf Änderung der Ordnung nehmen; eine solche Tagung erfolgte bereits 1462 in Torgau für das obersächsische Gebiet (Rochlitzer Abschrift von 1482) und 1464 in Speyer für das Straßburger Gebiet. Die Admonter und Tiroler Ordnung von 1480, die Baseler Ordnung von 1497, die Wiener Ordnung von 1564 und die Querfurter Ordnung von 1574 sind Abschriften der Regensburger Ordnung mit kleineren zeit- oder ortsbedingten Änderungen.

Mitglieder der Bruderschaft konnten nur „freie" Steinmetzen werden (Art. 6), die an den Steinwerken, den großen Kirchenbaustellen, arbeiteten, eine untadelige Lebensführung und eine anerkannte handwerkliche Ausbildung nachweisen konnten. Die Ausbildung des Werkmeisters („werckhmann") erfolgte in der Hütte über den Maurer, Steinmetzen und Laubhauer hin zu dem mit allem Bildwerk und allen Konstruktionsregeln vertrauten „diener"; er hatte eine zusätzliche zweijährige Lehrzeit zu absolvieren, in der er u. a. das Konstruieren und das rechte Zeichnen lernte. Nach dieser Ordnung konnte sich „ein yecklicher werckhmann oder meister, der sich steinwerckhs verstot vnnd dem werckh genueg vnnd dorzue tugenlichenn ist", aber auch ein Geselle um die Nachfolge eines verstorbenen Hüttenmeisters bewerben, wobei die Söhne eine größere Chance hatten, da sie beim Vater ausgebildet waren, seine Erfahrungen und Vorstellungen am besten kannten und somit für Kontinuität sorgten, wie z. B. die Parler und Ensinger. Im Artikel 4 wird ausdrücklich festgelegt, dass der Nachfolger auf dem Vorhandenen weiterzubauen habe. Der Werkmeister hat sich bei der Ausführung seines Auftrags streng an seine Entwurfszeichnung zu halten: „Wann auch ein yeckhlicher meister ein werckh verdingt vnnd ein vysierung darzue gibt, wie das werdenn soll, dem werckh soll er nit abbre-

83 Dachdecker decken das Kirchendach, um 1468, Chroniques de Hainaut I., Buchmalerei aus Brügge (Brüssel, Bibl. Royale, Ms. 9243, fol. 121).

chen an der vysierung, sonnder er sol es machen wie er die vysierung den herren, stettenn oder im lannde gezeugt hett, also das es nit geschwecht werde." (Art. 34)

In England sind ähnliche Bemühungen schon 100 Jahre früher überliefert. Die 1356 für London verabschiedete Ordnung enthält parallele Bestimmungen zu der Regensburger; ebenso das „Regius"-Manuskript von 1390 und dessen Abschrift, das „Cooke"-Manuskript von 1400/1410.

V. Beschaffung und Transport der Baumaterialien

84 Turmbau zu Babel, das Baumaterial wird mit zwei Auslegerkränen aufgezogen. Jansen Enikel, Weltchronik, fol. 21, um 1380 (Regensburg, Fürstl. Thurn- und Taxissche Hofbibliothek).

Dez nam si michel wunder
Jesleicher ret besunder
mer vnserischen
Der ander raeuzzischen
Der drit pehemischen ret
Der vierd taeutsch an der stet
er fumft reder chriechischen
Der sechst haidenischen
Also het sich ir red verchert
Alz si got selber het gelert
in zwo vnd sibenzich zungen
Also waz in gelungen
Gegen swem ein maur maist ret
Der werchman ie ein anders tet
olt er stain er pracht im sant
Wan im sein red waz vnbechant
Da liezzen si den Turn sten
Vnd begunden an di erde gen
ham maurer chom hin wider
Also beleib der Turn sider
Di sprach wil ich ew nennen
Daz ir si muget erchennen
vnd wil auch si beschaiden
Dw sprach vnder den haiden
Waz ain vnd sibenzich bechant
Vber al in der haiden lant
ie iuden habent auch ainew
vnd auch nie dhainew
Ebraisch ist si genant
Wan si got pey dem ersten vant
a von so ist mir liwan
Daz got vnser schepfaer
Den christen hat newr zwelf geselen
Di christenleichen solten leren
nd ist daz di zwelf zungen verht
Lebent so sind si gotes chnecht

Vom Steinbruch zur Baustelle

Wenn im Mittelalter eine größere Baumaßnahme, insbesondere ein Neubau geplant wurde, war es die vorrangige Aufgabe, einen günstig gelegenen Steinbruch zu erwerben, der brauchbares Steinmaterial bot, das man möglichst bequem über den Wasserweg auf Flößen zur Baustelle transportieren konnte. Über die schlechten Straßen war der Transport mit den schweren Wagen nur in der trockenen Jahreszeit möglich, da bei Regen und Schnee die Wege kaum brauchbar waren. Ob die Steinqualität eines Steinbruchs sich für den beabsichtigten oder bereits betriebenen Bau eignete, konnte nur der Fachmann, und zwar der Werkmeister selbst, entscheiden. Er reiste deshalb zur Begutachtung in die Steinbrüche und beaufsichtigte den Steintransport. So fuhren im Juli 1372 der Prager Notar Andreas und der Werkmeister Peter Parler zusammen in einem Wagen in den Steinbruch Horuschan, wo der Propst des Klosters der Kreuzbrüder auf der Neustadt in Prag der Kirche ein Feld zum Steinebrechen geschenkt hatte; zuvor waren sie schon einmal unterwegs zur Besichtigung der Steinbrüche Horuschan, Brandeis, Zaap und Kosteletz.[1]

Bei Großbaustellen waren die Bauherren bemüht, eigene Steinbrüche zu betreiben. Die für den Steinbruch bestimmte Grundfläche wurde genau festgelegt und entweder käuflich erworben oder auf Zeit gegen eine Rente von dem Eigentümer zur Ausbeutung gepachtet. Steinbruch und Zufahrtswege wurden zur Überwachung einem Aufseher oder Grubenmeister gegeben, der unter Oberaufsicht des Werkmeisters zugleich das Brechen der Steine organisierte und die Steinbrecher und deren Hilfskräfte anleitete. Sie wurden wie in Straßburg, Halberstadt, Wien und Prag von dem Bauverwalter direkt bezahlt und arbeiteten in engem Kontakt mit dem Werkmeister, denn teilweise wurden die Steine auch im Steinbruch schon grob zugehauen (bossiert), um ihr Gewicht für den Transport zu reduzieren. Auch mussten die Steine entsprechend ihrer jeweiligen Verwendung am Bau nach ihrer Qualität ausgesucht werden, denn Steinbrüche liefern kein einheitliches Material.

Zumeist reichte nicht ein Steinbruch aus, sondern es mussten mehrere betrieben werden. Für den Prager Dombau kamen die Steine aus den hütteneigenen Brüchen in Brandeis, Triskowitz, Kosteletz, Zaap, Horuschan und Zemch.[2] Für St. Stephan in Wien wurden die Werksteine vornehmlich aus den Kalksteinbrüchen zu Mannersdorf und Au am Leithagebirge gebrochen; daneben wurden die Steinbrüche zu Hietzing, Hetzendorf und Liesing ausgebeutet.[3] Das Straßburger Frauenwerk besaß zwei Steinbrüche, einen in Wasselnheim, den anderen in Dinsheim (Kr. Molsheim) an der Breusch, auf der die Steine nach Straßburg verschifft wurden.[4] Bischof Alernus von Cuisy gestattete 1263 dem Domkapitel von Meaux, im bischöflichen Steinbruch zu Varreddes, 10 Kilometer von Meaux an der Marne, Steine für die Kathedrale zu brechen, wofür die *fabrica* der Kathedrale in jedem Jahr 25 *solidi* zahlten musste.[5] Am 31. Januar 1273 gestattete Burggraf Godfried von Drachenfels für 20 Mark dem Kölner Domkapitel den Betrieb des Steinbruchs auf dem Drachenfels oberhalb des Rheins gegenüber von Bonn zum Zweck des Dombaus in Köln; für die Dauer von vier Jahren durften sechs Männer, davon drei Steinbrecher, „die gewöhnlich *brechere* genannt werden," und drei Steinmetzen als Vorschläger die notwendigen Steine brechen.[6] Der Vertrag wurde etwa gleichlautend 1285 und 1294 zwischen dem Sohn Godfrieds, Heinrich von Drachenfels, und dem *procurator* bzw. *provisor fabrice ecclesie Coloniensis*, Magister Rudenger, gegen Zahlung von 15 Mark für zwei bzw. drei Jahre erneuert; vier Brecher und drei Vorschläger durften dann dort arbeiten; weitere Verträge stammen aus den Jahren 1306, 1319, 1337 und 1347.

Nicht jede Baustelle liegt in günstiger Nähe von brauchbarem Steinmaterial. Das Xantener Stift am steinarmen Niederrhein besaß beispielsweise keinen Steinbruch in erreichbarer Entfernung, sondern war auf die Steinlieferung über mehr als 100 Kilometer per Schiff auf dem Rhein angewiesen. Die Schiffe landeten in der Mündung der Beek, dort wurden die Steine entladen und auf Wagen zur Baustelle des Xantener Stiftes gebracht. Der Hauptanteil des Xantener Steinmaterials waren der Drakenveld, ein Trachyt vom Siebengebirge gegenüber Bonn, der Douffstein, Tuffstein, ebenso wie die Gaelscheider oder Godelsteene aus der Gegend von Andernach sowie geringere Mengen des Roirsteen aus den Brüchen von Saarn, Mülheim-Broich und Essen und die Monstersteene aus den Baumberger Brüchen bei Borken.[7] Aber auch Steine aus Abbrüchen, besonders römischer Ruinen, wurden beschafft.

Der Transport auf dem Wasser erfolgte entweder mit gemieteten oder mit gekauften Schiffen; so wurde im Mai 1405 in Bonn ein Schiff gekauft und nach Andernach geschickt.[8] Die Schiffe wurden in Xanten abgewrackt und als Holz verkauft, waren also wohl eine Art Floß. Die Kosten für den Steintransport waren sehr hoch, sie betrugen in Xanten bis zu 130 Prozent des Warenwertes, waren aber an anderen Orten auch bedeutend niedriger, wie z. B. in Mailand, wo sich die Kosten auf nur 40 – 50 Prozent des Warenwertes beliefen. In Aachen wurden die

85 Die Steine werden mit der Steinzange am Galgenkran mit Laufrad aus dem Kahn entladen (Ausschnitt von Abb. 11).

Steine bei dem Steinbrecher Jacobus für 1 Solidus für den Fuß gekauft, dazu kamen $1^1/_2$ Solidi Frachtkosten; bei größeren Mengen wurden Rabatte ausgehandelt.

Auch in Südengland fehlte gutes Steinmaterial; es musste über das Meer aus den Brüchen von Caen auf Schiffen transportiert werden. Daraus wurden u.a. der Tower in London, die Kathedralen Chichester, St. Cross in Winchester, Rochester, Norwich, Glastonbury, die Abteien St. Albans, St. Augustine in Canterbury, Westminster und der Königspalast in Winchester errichtet. Battle Abbey wird, „weil keine geeigneten Steine gefunden werden", zunächst ebenfalls aus Caen beliefert, bis ein Wunder auf nahe dem Bauplatz vorhandenes Steinmaterial aufmerksam macht.

Transportkosten ergaben sich aber nicht nur als Löhne und für die Transportmittel wie Wagen und Schiffe, sondern auch aus Zollverpflichtungen, die bis zu 20 Prozent des Warenwertes betragen konnten. Um diese Kosten zu senken, bemühte man sich immer wieder um Zollbefreiungen. Zudem hatte König Wenzel IV. 1392 zur Förderung des Prager Dombaus angeordnet, dass im Umkreis von drei Meilen um Prag die Besitzer geistlicher und weltlicher Güter das Steinebrechen für den Prager Dom auf ihrem Grund nicht behindern dürften und auch Steinmetzen, Steinbrecher und Fuhrleute zuvorkommend und ohne jede Schwierigkeit zulassen mussten sowie nur den gewöhnlichen, angemessenen Betrag erheben durften.[9] Ähnlich hatte schon König Johann am 1. Dezember 1328 für den Ausbau der Stadt Prag alle geistlichen und weltlichen Grundherren aufgefordert, innerhalb einer Meile um Prag die Brüche für Kalk- und Mauersteine sowie die Lehm- und Sandgruben – so weit für die Bauten nötig – den Prager Bürgern zu überlassen, von denen sie für das Graben des Mauer- und Kalksteins, des Lehms und des Sandes keinen Betrag erheben durften. Besonders restriktiv ist der 1337 gefasste Beschluss der Stadt Siena: Danach sollen die vier Provisoren der Stadt gehalten sein, auf Aufforderung des *operarius* den nötigen Kalk für den Bau der Kathedrale zu geben.[10] Die Steine dürfen auch gegraben werden, wenn der Besitzer des betreffenden Landes damit nicht einverstanden ist, der *operarius* hat ihm allerdings den üblichen Preis zu geben. Mit einer Geldstrafe von 100 Pfund Denaren, die zu vollstrecken ist, soll die Stadt Siena dem drohen, der dieser Bestimmung zuwiderhandelt.

Steinmaterial für die Säulen

Ein besonderes Problem war seit dem 12. Jahrhundert die Bereitstellung von geeignetem Steinmaterial für die Anfertigung von Säulen. In den Jahrhunderten zuvor war man häufig darauf angewiesen, Säulen aus römischen Ruinen zu beschaffen. Das ist schon für Karl den Großen überliefert, der Säulen und Marmor aus Rom und Ravenna nach Aachen und Ingelheim und aus Nîmes nach Maguelonne holen ließ.[11] 876 heißt es von Auxerre, dass die Mönche eine gefährliche Expedition nach Arles und Marseille unternahmen, um unter großen Schwierigkeiten dort, teils geheim, teils mit Geld, aus den Ruinen der alten Gebäude eine große Menge kostbaren Marmors zu entnehmen und per Schiff nach Auxerre zu bringen.[12] Odilo von Cluny (994–1049) hat „einen Kreuzgang errichtet, der mit Marmorsäulen wunderbar geschmückt ist, die aus den fernsten Teilen der Provinz über die besonders reißenden Flüsse Durade und Rhône mit großer Mühe herbeigebracht wurden".[13]

Nach 1098 berichtet Leo Marsicanus über die Schwierigkeiten bei der Beschaffung und dem Transport von Säulen und anderem Material für den Neubau der Klosterkirche von Montecassino im Jahre 1066: „Als nun die bestellt worden waren, die diese [die Fundamentierung] mit ganzem Schwung und höchstem Fleiß durchführen sollten, brach Abt Desiderius selbst unterdessen nach Rom auf, und indem er jeweils die ansprach, die ihm am freundlichsten gesonnen waren, und gleichzeitig mit freigebiger Hand in geschickter Weise Gelder austeilte, kaufte er Säulen, Basen und lilienförmige Kapitelle und nicht zuletzt Marmor in verschiedenen Farben in großer Menge zusammen, und all diese Dinge ließ er aus der Stadt [Rom] zum Hafen, vom römischen Hafen aber über das Meer bis zum Turm von Gariliano und von dort nach Sujo mit gewaltigem Vertrauen bringen, nachdem er die Schiffe gemietet hatte. Von dort aber ließ er sie bis zu diesem Ort auf Frachtwagen mit größter Mühe transportieren. Und damit man den Eifer der Gläubigen, die ihm Folge leisteten, noch mehr bewundert: hier stellte allein die zahlreiche Menge der Bürger, vom Fuß des Berges [ausgehend], die erste Säule mit der Kraft ihrer eigenen Nacken und Arme auf; denn zur Mühsal kam hinzu, dass der Aufstieg dieses Berges damals allzu abschüssig, eng und rauh war: Es war ihm nämlich noch nicht in den Sinn gekommen, eben diesen Weg einzuebnen und auszuweiten, so wie er es später getan hat."[14]

Für die Erweiterung der Klosterkirche von Saint-Trond in der Provinz Limburg/Belgien ließ Abt Adelard II. (1055–1082) Mauersteine von Ferne antransportieren und beschaffte Säulen, wie Abt Rudolf um 1110/20 berichtet: „Die Säulen aber, die von Worms bis nach Köln auf dem Rhein mit dem Schiff transportiert worden waren, und andere, die man von anderswo mit Lastfuhrwerken herangebracht hatte, die man gleichsam von Köln bis zu uns über Land transportieren musste, zog das Volk in glühendstem Eifer wechselweise mit Seilen, die an die Frachtwagen gebunden waren, und ohne jegliche Hilfe von Rindern und Zugvieh schleiften sie sie ohne Brücke über den Grund der Maas und brachten sie in Scharen unter Hymnengesang zu uns."[15] Bischof Hugo von Durham (gest. 1195) ließ Säulen über das Meer aus Frankreich nach Durham in England transportieren.[16] Beim Bau von Sainte-Foy in Conques (vor 1065) wurden „26 Ochsenjoche" zum Transport der Säulen und für „das ungeheure Gewicht der Basen" vom hangaufwärts gelegenen Steinbruch zur Baustelle benötigt.[17] Das Gefälle war so groß, dass die überhitzten Achsen der Karren platzten. Für die Kathedrale von Cambrai unter Bischof Gerhard (1023–1030) heißt es, nichts sei schwieriger „als der lange Transport der Säulen, die fast 30 Meilen entfernt geschlagen wurden".[18] Daher wurde „an vielen Orten in unserer Umgebung" der Boden untersucht, bis man endlich nur eine Viertelmeile von der Stadt entfernt auf „säulentaugliche Steine" stieß. Ähnliches berichtet Abt Suger von Saint-Denis (siehe Seite 110f.).

In der Krypta des Speyerer Doms wurden um 1030/1035 nicht nur die Schäfte der Wandsäulen, sondern auch die Schäfte der 20 Freisäulen bei etwa drei Meter Höhe aus fünf bis sieben Trommeln zusammengesetzt; man scheute wohl den Aufwand der mit der Gewinnung und dem Transport von monolithen Schäften verbunden war. Bei dem Umbau um 1090/1125 wurden durchweg monolithe Schäfte verwendet.

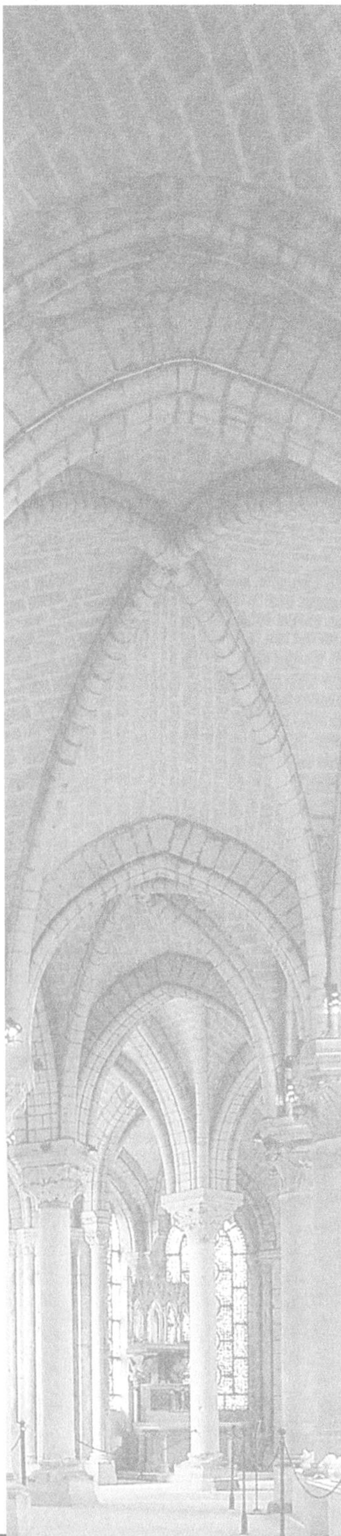

Ungemein deutlich und ausführlich äußert sich Abt Suger von Saint-Denis in seinem zwischen 1144/45 und 1151 verfassten Libellus de consecratione (Satz 17 – 30) über seine Anstrengungen, geeignete Säulen für den Neubau der Abteikirche Saint-Denis bei Paris zu beschaffen: „Von sehr festem Material indessen bot sich ein neuer Steinbruch dar, so beschaffen und ergiebig, wie er niemals zuvor in dieser Gegend gefunden worden war [...]. Eine große Menge geschickter Maurer, Steinmetze, Bildhauer und anderer Arbeiter folgte. [...] Als wir nämlich bei der Ausführung von solcherlei Arbeiten vor allem um das Übereinkommen und den Zusammenhalt des alten und des neuen Werks besorgt waren und beim Überlegen, Umherschauen und Nachforschen in verschiedenen Gegenden entfernter Gebiete keine finden konnten, von woher wir marmorne oder marmornen gleichwertige Säulen erhalten könnten, blieb uns, die wir uns in Geist und Sinn mühten, allein übrig, sie aus der Stadt Rom – wir hatten sie nämlich im Palast des Diokletian und in anderen Thermen oft wunderbar gesehen – über das Mittelmeer mit sicherer Flotte und weiter über das englische Meer und durch die windungsreiche Biegung des Seine-Flusses unter großem Aufwand der Freunde, auch unter freiem Geleit der Feinde, der benachbarten Sarazenen, zu bekommen. Und viele Jahre lang haben wir uns oftmals durch Nachdenken und Fragen gequält, als plötzlich die großzügige Freigebigkeit des Allmächtigen [...] angemessene und ganz vorzügliche Säulen offenbarte. [...]

Der Ort freilich des wunderbaren Steinbruchs, der bei der Burg Pontoise im Grenzgebiet unserer Ländereien an ein tiefes, nicht von der Natur, sondern durch menschlichen Fleiß ausgehöhltes Tal grenzte, bot den Brechern von Mühlsteinen von alters her ihren Erwerb, und – so glauben wir – er bewahrte, während er bisher nichts Besonderes hervorbrachte, den Beginn so erheblicher Brauchbarkeit für einen so großen und so göttlichen Bau, gleichsam als Erstlingsgaben für Gott und die heiligen Märtyrer. Sooft aber die Säulen von der tiefsten Sohle mit zusammengeknoteten Seilen emporgezogen wurden, führten sehr fromme Leute, sowohl unsrige wie auch solche aus den benachbarten Gebieten, sowohl Edle wie Gemeine, diese, nachdem sie um Unterarme, Brust und Oberarme Seile geschnürt hatten, anstelle von Zugtieren heraus; und auf der Mitte des Absturzes der Burg kamen verschiedene Dienstleute hinzu, die, nachdem sie die Werkzeuge ihrer eigenen Aufgaben weggelegt hatten, die eigenen Kräfte anboten für die Schwierigkeit des Weges, indem sie mit aller zur Verfügung stehenden Kraft Gott und den heiligen Märtyrern Gefolgschaft leisteten. Dabei trug sich ein denkwürdiges und erzählenswertes Wunder zu [...]. Eines Tages nämlich, als infolge eines Regengusses düstere Finsternis die aufgewühlte Luft bedeckt hatte, hatten sich, während die Wagen am Steinbruch eintrafen, diejenigen, die gewöhnlich als Arbeitshilfen tätig waren, wegen der Heftigkeit des Regens eigenmächtig entfernt. Die Ochsentreiber aber setzten denen, die noch klagten und laut widersprachen, mit ihrem Geschrei, sie gingen müßig und ließen die wartenden Arbeiter im Ungewissen, so lange zu, bis einige Schwache und Gebrechliche zusammen mit einigen Jungen, der Zahl nach 17, und, wenn ich mich nicht irre, mit einem Priester, der dabei war, zum Steinbruch eilten; und sie nahmen eines der Seile auf und ließen, als sie es um eine Säule schlangen, den anderen Pflock auf dem Boden liegen. Es war nämlich niemand da, der geholfen hätte, diesen zu ziehen. Und so sprach die winzige Schar, beseelt von frommem Eifer: ‚Heiliger Dionysius, hilf uns, wenn es Dir gefällt, indem Du selbst den freibleibenden Pflock aufnimmst. Denn nicht uns wirst Du die Schuld zuweisen können, wenn wir es nicht schaffen.' Alsbald nahmen sie beharrlich in Angriff, was gewöhnlich 140 oder mindestens 100 schwer aus dem tiefen Tal herausgezogen hätten, und schleppten [...] den Schaft heraus, den sie dann auf einem Wagen zur Baustelle der Kirche brachten."[19]

Saint-Denis bei Paris

Anschließend berichtet Suger über ein zweites Problem, nämlich das der Beschaffung angemessen großer Holzbalken für das Dachwerk der Kirche. „Und nachdem wir sowohl bei unseren als auch den Pariser Zimmerleuten nachgefragt hatten, wie Balken aufzufinden seien, antworteten sie uns – nach ihrer Auffassung wahrheitsgetreu –, dass man in dieser Gegend aufgrund des Mangels an Wäldern keine Stämme solcher Art finden könne, diese müssten vielmehr aus dem benachbarten Gau von Auxerre herbeigebracht werden. [...] Ich begann eines Nachts [...] im Bett zu erwägen, durch alle Wälder dieser Gegend persönlich zu gehen. [...] Nachdem wir alsbald alle Pflichten erledigt hatten, eilten wir, am frühen Morgen aufbrechend, mit Zimmerleuten und den Maßen der Stämme in den Wald, der Iviline genannt wird. Und als wir unsere Besitzung im Tal der Chevreuse durchquerten, riefen wir die uns dienenden Hüter herbei, die unsere und andere Wälder kannten, und fragten diese beim Schwur der Treue und der heiligen Sakramente, ob wir dort, unter welchen Schwierigkeiten auch immer, Stämme jener Maße zu finden vermöchten. Diese lächelten, [...] sie wunderten sich, ob wir denn gar nicht wüssten, dass im ganzen Land nichts Derartiges gefunden werden könne, vor allem weil Milo, der Castellan von Chevreuse, unser Dienstmann, der zusammen mit einem anderen die Hälfte des Waldes von uns zu Lehen hat, da er lange Zeit vom Herrn König und von Amalrico de Monte Forti befehdet worden war, zum Schutze und für die Errichtung eines Bollwerks keine Stämme solcher Art unberührt gelassen hatte. Wir aber wiesen zurück, was auch immer sie sagten, und begannen mit einer gewissen Kühnheit unseres Glaubens, den Wald zu durchstreifen, und fanden gerade um die erste Stunde einen dem Maße entsprechenden Stamm. Und weiter: Bis zur neunten Stunde oder früher bestimmten wir zur Verwunderung vornehmlich aller Umstehenden inmitten der Sträucher, des Schattens der Wälder, des Dornengestrüpps zwölf Stämme – so viele waren nämlich erforderlich – und ließen diese zur heiligen Basilika gebrachten Stämme unter Jubel für die Überdachung des neuen Werkes aufsetzen.“ [20]

86 Saint-Denis, Klosterkirche, Chorumgang 1140 – 1144; Hochchorstützen nach 1231 ausgewechselt.

Andere Baumaterialien

Neben steinernem Material, das in der Natur vorgefunden und für Bauarbeiten gebrochen und behauen wurde, fanden auch Backsteine und Ziegel aus gebranntem Ton beim Bau Verwendung, seit dem Beginn des 9. Jahrhunderts nur vereinzelt, seit dem 12. Jahrhundert zunächst in Oberitalien und dann auch nördlich der Alpen immer häufiger. Besonders in Gegenden mit fehlendem Steinmaterial, aber mit entsprechendem Lehmvorkommen war die Herstellung von Backsteinen für die Mauern und Ziegel für die Dächer eine gute Alternative, wobei man nicht vergessen darf, dass eine ausreichende Menge eine längere vorausgehende Produktionszeit erforderte, etwa ein Jahr: graben, sumpfen, formen, trocknen und langsam brennen in recht kleinen Mengen in Feldbrandöfen (Abb. 87, 88). Das war mit einem großen Organisationsaufwand verbunden. Backsteine, Ziegel und Kalk wurden gemeinhin von Zieglern und Kalkbrennern geliefert und nach Menge, oft je einzelner Wagenfuhre, bezahlt. Für Prag sind Ziegelhütten und Kalkbrennereien seit der Mitte des 14. Jahrhunderts überliefert. Häufig wurden Ziegelhütten und Kalköfen von der gleichen Person betrieben. Der Prager Ziegler Konrad Tercler vererbte seine 1349 genannte Ziegelhütte und Kalkbrennerei seinem als Kalklieferanten für das Prager Dombauamt belegten Sohn Franz, der 1364 – 1388 in Prag nachweisbar ist.[21] Das Geschäft hatte einen recht bedeutenden Umfang, wie sich aus einem Übereinkommen seines Sohnes Hanusch Tercler mit seinem Teilhaber Nicolaus am 3. Oktober 1394 auf die Dauer eines Jahres ergibt. Die Kalkbrennerei wurde aber auch von der Hüttenverwaltung bezahlt.

Die Beschaffung geeigneten Bauholzes für Dachwerke, Gerüste, Schalungen, Lehren und Zuganker sowie für Bauhütten und provisorische Kirchen (z. B. Molesme 1075, Cîteaux 1098, Clairvaux 1116) und erste Klostergebäude, die erst nach und nach in Stein ersetzt wurden, war kaum leichter als die Suche nach gutem Steinmaterial. Das Holz wurde entweder in eigenem Waldbesitz geschlagen oder durch Stiftungen erworben, aber auch über den Holzhandel gekauft. Die Wälder der Herren von der Rose wurden 1371 neu vermessen; und zwar wurden die Waldungen nach Verwendbarkeit als Bauholz oder nur als Brennmaterial gesichtet.[22] Das Bauholz wurde noch einmal nach genau umschriebener, baulicher Nutzungsmöglichkeit geschieden; „eine Waldstrecke mit starken Stämmen erklärten sie zu größeren Bauten tauglich, zwei andere zu Dachwerk und Dachdeckungsstücken passend, 31 Joch für kurze Balken geeignet und andere zur Bretterherstellung verwendbar". Als die Prager *fabrica* von Karl IV. 200 Stämme im Pürglitzer Wald geschenkt bekam, schickte sie zuerst den Domzimmermeister Wenzeslaus zur Besichtigung der Bäume, für deren Fällen und Aufarbeiten ihm und seinen Gesellen $3^1/_2$ Schock gezahlt wurden, und ließ durch ihn den Transport zum Wasser, das Flößen nach Prag und das Herauffahren zur Baustelle überwachen.

Das Bauholz für St. Stephan in Wien wurde aus den waldreichen Flussgebieten der Isar, Traun, Alm und Enns zugeführt.[23] Das Xantener Holz musste zum Teil von weither beschafft werden, u. a. von Mainz 1423, wo der Steinmetz Hermann von Königswinter ein Floß zusammenstellte, das in Andernach, Königswinter und Köln Steine und Bleitafeln zulud; 1409/10 kam ein Floß die Lippe abwärts, das aus Lieferungen der Stifts-

87 Herstellung von Backsteinen um 1450. Rechts der durchmischte Lehm mit der Schaufel, hinten werden die Backsteine in die Holzform gestrichen und dann zum Trocknen gestapelt Niederländische Bibel (London, British Museum, Add. Ms. 38 122, fol. 78v).

88 Herstellung von Hohlziegeln, um 1410, Lehm mischen, in Holzform streichen, zum Trocknen legen. Bibel für Kaiser Wenzel (Antwerpen, Museum Plantijn-Moretus, Nr. 180, fol. 36).

höfe bei Dorsten stammte.[24] Schon im frühen 11. Jahrhundert mussten nach dem um 1049/70 verfassten Bericht für die Dächer der Abteikirche Saint-Rémi in Reims Balken aus den Wäldern der Benediktinerabtei Orbais beschafft werden, weil es in der näheren Umgebung keine ausreichend großen Bäume gab.

Häufig wurde aber auch das Bauholz über den Holzhandel besorgt. Holzniederlagen gab es nicht nur in den großen Städten wie Wien, Prag (1316), Lübeck (Ende 12. Jahrhundert) oder Köln, sondern auch in den Landstädten wie z. B. Kolin (1363) oder Wesel, wo das Xantener Kapitel einen Teil seines Holzbedarfs nachweislich seit 1357 deckte. Auf den Holzmärkten oder Holzniederlagen waren Stämme, Balken, Bretter, Dachrinnen, Schindeln, Räder und alle Holzartikel wie Mulden, Fässer, Schaufeln usw. zu kaufen. Das Holzgeschäft war über große Entfernungen vollständig durchorganisiert.

Lehm und Sand suchte man in der Nähe des Bauplatzes zu gewinnen, damit die Transportwege und die damit verbundenen Schwierigkeiten und Kosten möglichst gering gehalten werden konnten. Mörtel ist für die Standfestigkeit von Mauern wichtig. So sieht das Pariser Reglement von 1258 für mangelhafte Materialqualität Geldstrafen vor: „Wenn die Putzer den zu verarbeitenden Gips herbeibringen, muss der Maurer […]

gemäß seines Eides darauf achten, dass die Bemessung des Gipses in Ordnung sei; und wenn er daran zweifelt, muss er den Gips selbst prüfen oder in seiner Anwesenheit prüfen lassen. Und wenn er erkennt, dass die Bemessung nicht gut sei, muss der Putzer dafür fünf Sous Strafe zahlen. [...] Die Mörtelmacher müssen [...] schwören, dass sie den Mörtel nur aus gutem Kalkstein bereiten, und wenn sie einen anderen Stein verwenden oder er aus Kalkstein ist, aber nicht ausreichend zerkleinert, muss er zerkleinert werden, und sie müssen dem Handwerksmeister vier Denare Strafe zahlen."[25]

Eisen, Blech, Blei, Nägel, Bitumen, Wachs, Lichtöl und Korb- und Seilerwaren kaufte man seit dem 12./13. Jahrhundert gewöhnlich bei städtischen Händlern und Handwerkern. Wenn in kleineren Städten das örtliche Angebot nicht ausreichte, wurde die nächst größere Stadt aufgesucht. Die Xantener Rechnungsbücher enthalten für August 1357 eine ausführliche Kostenaufstellung für den Kauf von Fensterglas in Köln und dessen Transport in Köln zum Hafen, per Schiff auf dem Rhein und dann mit Wagen vom Rhein bis Xanten.[26] In Halberstadt wurde das Fensterblei im September 1367 aus Magdeburg bezogen.

Transport auf der Baustelle

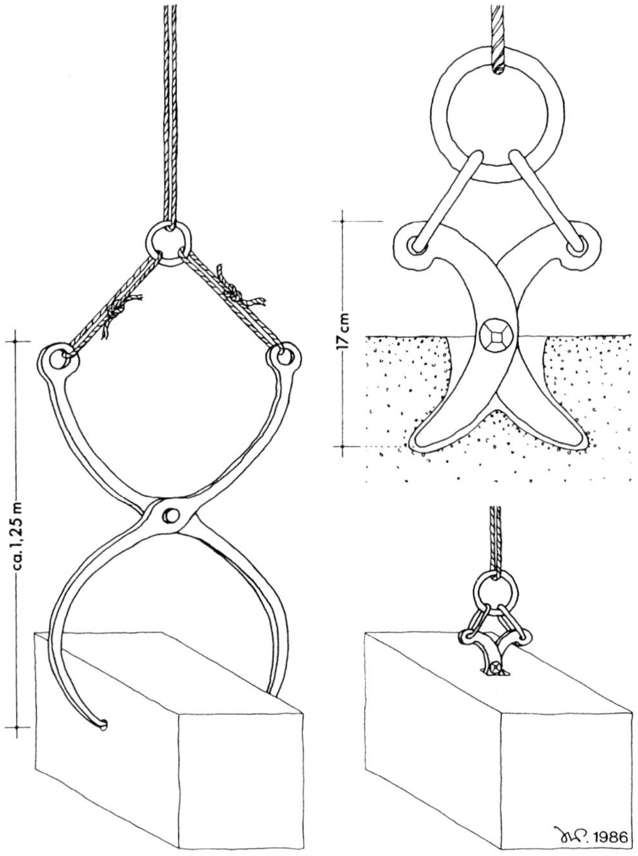

Der Transport der Baumaterialien erfolgte auf der Baustelle bei kleineren Gewichten in der Schubkarre (Abb. 3, 10, 12, 87, 93), die seit dem 13. Jahrhundert nachgewiesen ist, auf Holzbahren (Abb. 3, 4, 9, 10, 81, 90), die von zwei Männern getragen wurden, in der Holzmulde auf der Schulter (Abb. 4, 12, 49, 70), in Körben (Abb. 81) oder in einem Holzwinkel mit zwei Stangen über den Schultern (Vogel, *oiseau*, Abb. 9, 13, 15, 81). Höhere Arbeitsebenen erreichte man über Laufschrägen unterschiedlicher Konstruktion (Abb. 3, 4, 81, 90).

Häufig wurde das in einen Korb, Eimer oder auf Paletten gelegte Material (Steine, Mörtel) an einem Seil, das über eine Rolle am Galgen geführt wurde, hinaufgezogen. Größere Steine wurden am Seil befestigt (Abb. 96), bis zum 13. Jahrhundert mittels des Wolfs, einer dreiteiligen Eisenaufhängung in einer schwalbenschwanzförmigen Vertiefung in der Steinoberfläche (Abb. 89). Seit Anfang des 13. Jahrhunderts benutzte man die Steinzange, die durch Hebelkraft in zwei in die Sichtfläche und Rückseite des Steins eingearbeitete, kleine, quadratische oder runde Löcher greift (Abb. 89). Darstellungen des 12. und

89 Steinzange und Wolf (Arnold Wolff 1986).

90 Kran mit Laufrad. Welislaw-Bibel, um 1340
(Prag, Staatsbibl., Abt. Universitätsbibl. Prag, Lign. Lob. 412, fol. 11b).

91 Aufziehen des Baumaterials mittels Seil und Tragen über Laufschräge, abgespreiztes Auslegergerüst. Englischer Psalter vor 1222 (München, Bayer. Staatsbibl., Cod. lat. 835, fol. 10).

beginnenden 13. Jahrhunderts bezeugen den allmählichen technischen Aufholprozess gegenüber der Spätantike und dem byzantinischen Osten. Um 1100 kam der Lastkran auf, dessen zwei Säulen mit einem Querriegel verbunden sind, an dem die Seilrolle angebracht ist. Daneben existierte der Säulenkran mit einem Ausleger oder mit T-förmig aufsitzendem Ausleger, dessen Enden eine Rolle tragen (Abb. 92, 93, 96). Beide Grundformen sind seit dem 13. Jahrhundert nebeneinander zu beobachten.

Als früheste Form des mittelalterlichen Windwerks wird seit dem 13. Jahrhundert die Haspel mit horizontaler Welle dargestellt, die in zwei Holzpfosten oder in einem bockähnlichen Gestell gelagert war und mit Handspeichen oder einer Kurbel betätigt wurde (Abb. 3, 5, 49). Der Kran mit dem schon in der Antike verwendeten Laufrad ist erst seit der Mitte des 13. Jahrhunderts für den gotischen Baubetrieb in Frankreich in Abbildungen bezeugt und ist spätestens im 14. Jahrhundert allgemein in Europa verbreitet (Abb. 4, 9, 90, 93). Das Laufrad wurde durch das Körpergewicht eines oder mehrerer im Innern der Trettrommel laufender Windeknechte angetrieben, während die verlängerte Trommelachse als Windkörper diente. Dadurch konnten auch größere Steinlasten in jede beliebige Höhe gehoben werden.

In Paris und Laon sind schon um 1180 die Steinformate in den Obergeschossen der Kathedrale deutlich größer, und an der Kathedrale von Soissons finden sich vor 1212 im oberen Bereich des Mittelschiffs Werkstücke an Gewölben und Fensterlaibungen als monolithe Platten, die mehrere Zentner wiegen. Die Mittelschiffkapitelle des Speyerer Doms,

92 Galgenkran mit zwei Rollen, über die mit der Hand das Seil gezogen wird, Anfang 13. Jh. Französische Bibel (Manchester, John Rylands Library, Ms. fr. 5, fol. 16).

93 Auslegerkran mit Laufrad. Wenzelsbibel aus Prag 1390/1400 (Wien, Österr. Nat. Bibl., Cod. 2759, fol. 10v).

Bau II, um 1100, wiegen etwa zwei Tonnen, die Mittelschiffkapitelle der gleichzeitigen Klosterkirche Limburg a.d. Haardt 2800 Kilogramm; sie wurden mittels eines Wolfs (siehe Seite 114) hochgezogen und versetzt. Gervasius von Canterbury bewunderte ausdrücklich die Winden, die der französische Baumeister Wilhelm von Sens 1175 zum Be- und Entladen der Steine, welche aus Nordfrankreich nach England zum Bau der Kathedrale von Canterbury per Schiff antransportiert wurden, höchst einfallsreich konstruiert hat. Auch Villard de Honnecourt befasst sich in seinem Musterbuch 1220/30 mit der Konstruktion verschiedener Maschinen, zeigt aber noch keinen Kran mit Laufrad. Das Baumaterial zogen allgemein Windeknechte hinauf, die höher bezahlt wurden als die Handlanger. Sie wurden wie die anderen Hilfsarbeiter täglich entlohnt.

94 Auslegergerüst. *Speculum humanae salvationis*, Mitte 15. Jh. (Wien, Österr. Nat. Bibl., Cod. Series nova 12883, fol. 110v).

Baugerüste

Dem Mauern und Versetzen der Steine dienten Arbeitsbühnen auf Bock- (Abb. 69), Ausleger- (Abb. 91–95, 98) oder Standgerüsten (Abb. 96, 97). Das Bockgerüst besteht aus einer Anzahl so genannter Böcke auf je vier Beinen mit aufgelegten Gerüstbohlen, kommt aber in mittelalterlichen Abbildungen nur in der Kombination mit niedrigen Stangengerüsten vor. Auslegergerüste oder „fliegende bzw. schwebende" Gerüste waren – nach den Abbildungen zu schließen – die gängige Bauweise für Arbeitsgerüste im Mittelalter. Die Gerüstbohlen oder auch Flechtwerk lagen auf waagerechten Auslegern in Form von runden, halbierten oder geviertelten Rundhölzern oder auch Kanthölzern, die in ein bis zwei Meter Abstand alle 1,30–1,60 Meter im Baufortgang eingemauert und durch das darauf liegende Mauerwerk am Abkippen gehindert wurden. Sie waren aber auch vereinzelt durch Bügen (Spreizen) von unten gegen die Mauer oder auf den unteren Auslegern abgestützt (Abb. 95). Wenn die Mauerkrone erreicht war, wurden von Etage zu Etage die Ausleger entfernt und die Mauer verputzt (Abb. 98). Stangengerüste werden in Italien seit dem 11. Jahrhundert, nördlich der Alpen erst seit der Mitte des 14. Jahrhunderts dargestellt, aber nach archäologischen Befunden schon seit dem ausgehenden 8. Jahrhundert benutzt. Etwa 1,00–1,50 Meter von der Mauer entfernt wurde eine Reihe von Rüststangen oder Rüstbäumen so weit eingegraben und vereinzelt auch verkeilt oder untereinander diagonal verstrebt (Abb. 96, 97), dass sie fest standen. In der gewünschten Arbeitshöhe (ca. 1,30–1,60 Meter) wurden Streichstangen (Barren) mit Stricken waagerecht an die Stangen gebunden. Der Raum zwischen Mauer und Streichstange wurde mit Netz- oder Rüstriegeln überbrückt, die Laufbohlen oder Flechtwerk aufnahmen. Die auf der Mauer auflie-

95 Auslegergerüst mit Spreizen. Augustinus-Handschrift, 1473 (Paris, Bibl. Nat., Ms. fr. 19, fol. 81v).

96 Stangengerüst mit Laufschräge, Rudolf von Ems, Weltchronik, 1385 (Kassel, Landesbibl., Ms. theol. 4, fol. 28).

genden Enden der Netzriegel wurden nach Bauabschluss wie die Ausleger abgesägt oder herausgezogen und hinterließen in der Mauer den Auslegern entsprechende Löcher, so dass an erhaltenen Mauern nur schwer erkannt werden kann, welche Sorte Baugerüst verwendet wurde. Die Gerüste erstellten die Zimmerleute, die auch die Stützgerüste und Lehrbogen für die Bogen und Gewölbe anfertigten und aufstellten sowie schließlich das Dachwerk zimmerten, das als Arbeitsbühne für die Einwölbung dienen konnte.

Das Entfernen der Stützgerüste war nicht ungefährlich. So ereignete sich 1166 in der Kirche in Ninove an der Dender/Lothringen ein schwerer Unfall: „Als das neue Bauwerk

97 Stangengerüst. J. de Tavernier, Chroniques et Conquêtes de Charlemaine, um 1450/60 (Brüssel, Bibl. Royale, Ms. 9068, fol. 289).

der neuen Kirche der Vollendung entgegenwuchs und nach langwierigem Abbinden des Mörtels einer der Brüder das hölzerne Stützgerüst des Gewölbes bzw. neben der Wölbung, die das Presbyterium vom Chor scheidet [von dem die Kerzen hängen], auf falsche Weise von unten entfernte, fiel bald mit allem Holzwerk das ganze Gewicht der Steine zusammen."[27] Es stürzten die beschäftigten Kanoniker, der Meister Alard, Bruder des Priors, und ein anderer Diakon namens Reiner aus der Höhe herab.

Über Laufschrägen wurde das Baumaterial auf die einzelnen Arbeitsbühnen getragen (Abb. 3, 4, 81, 90). Die Leiter kam seltener vor und diente den Arbeitern zumeist nur dazu, höhere Arbeitsbühnen zu erreichen (Abb. 82, 92, 95). Der Dachdecker verwendete eine zweite, auf der Dachfläche liegende Leiter zum Dachdecken (Abb. 83).

98 Abrüsten eines Auslegergerüstes während des Verputzens der Mauer. Michael Pacher, Hochaltar der Pfarrkirche von St. Wolfgang, 1471/81.

Bildglossar

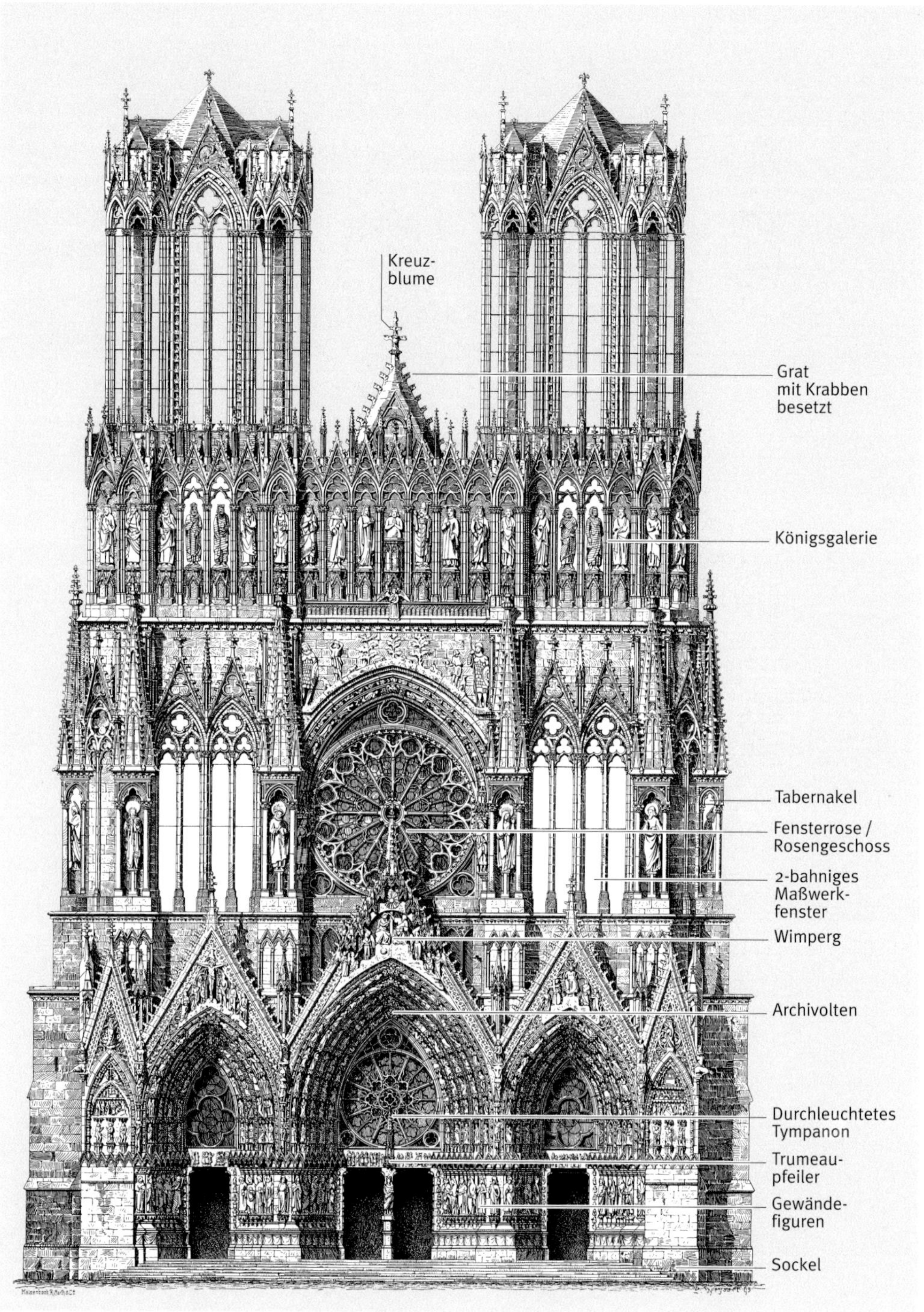

99 Kunst- und architekturgeschichtliche Fachbegriffe, dargestellt am Beispiel der Westfassade der Kathedrale von Reims.

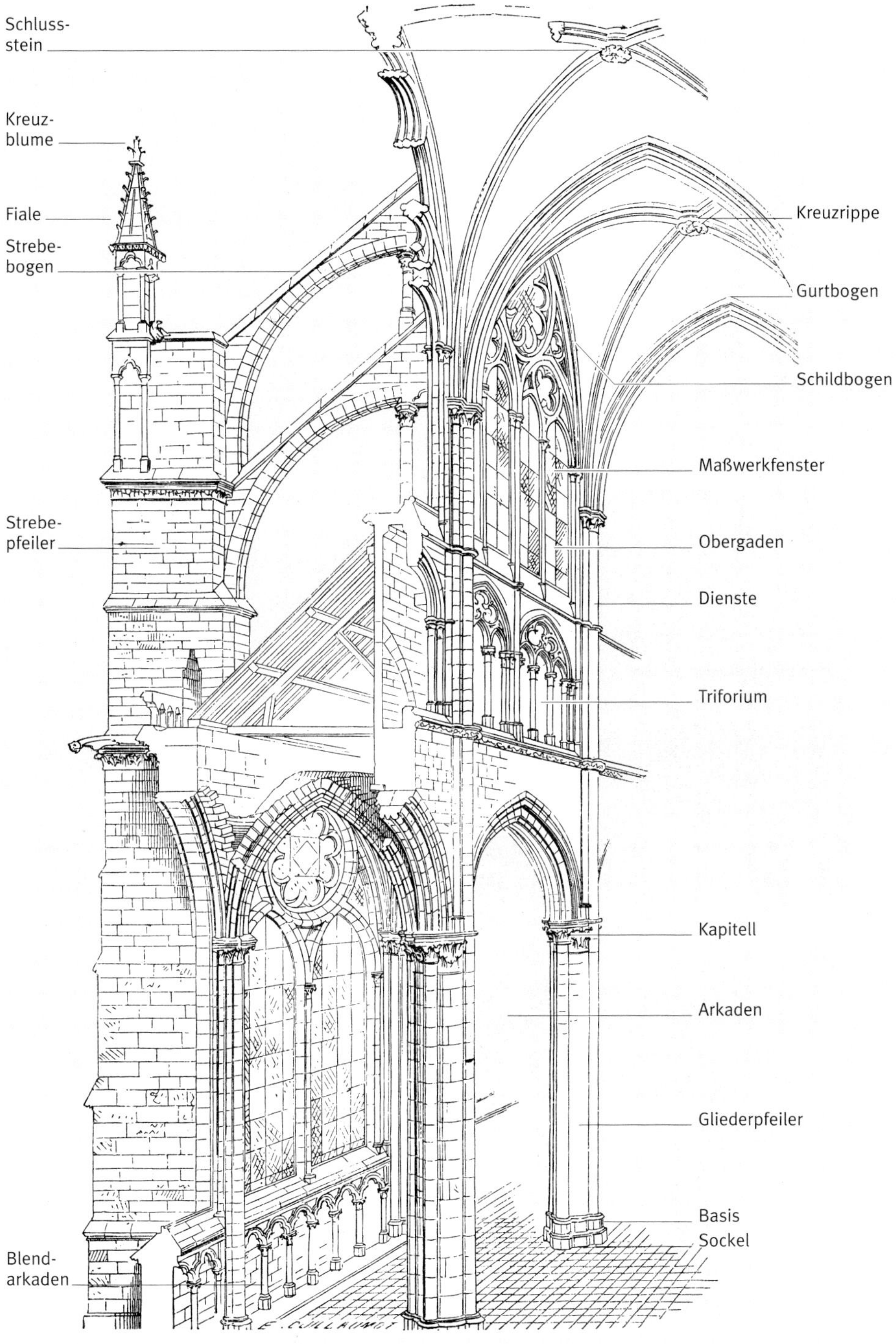

100 Querschnitt durch das Langhaus der 1236 vollendeten Kathedrale von Amiens.

101 Innenwandgliederung der Kathedrale von Noyon (Mittelschiff), 1170–1200.

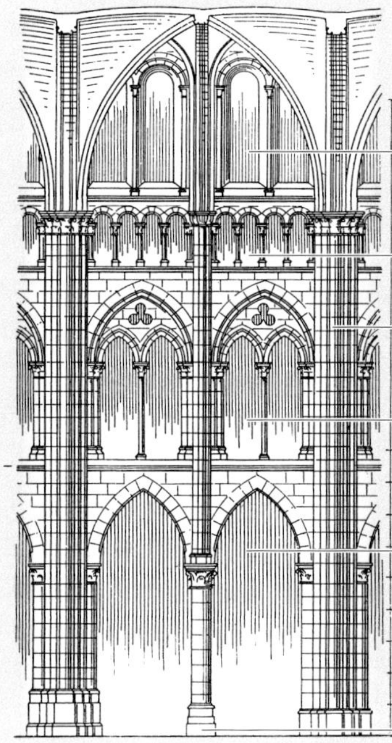

102 Beauvais, Kathedrale, links ein Fenster aus dem Langchor 1284–1324, rechts ein Fenster aus dem Chorpolygon 1255–1272.

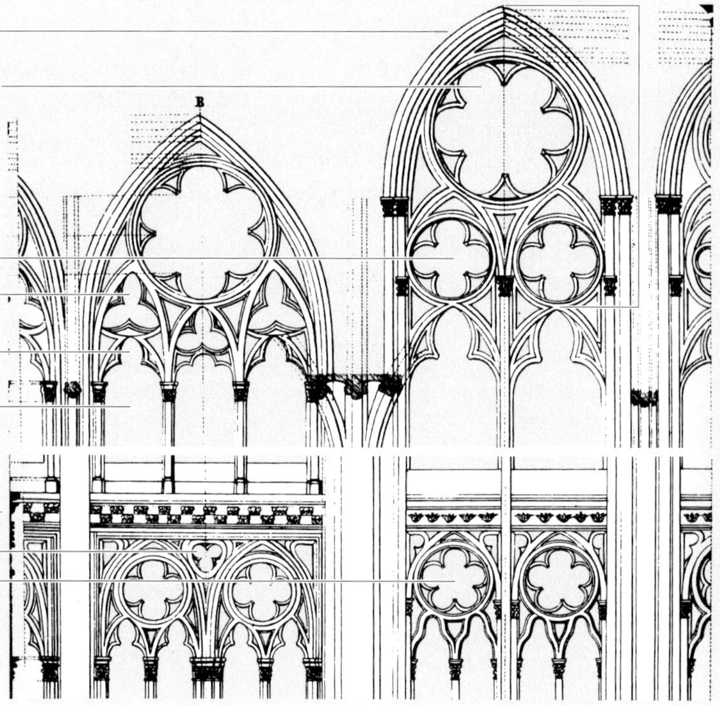

Literatur in Auswahl

Quellen

MGH SS = Monumenta Germaniae historica inde ab a. c. 500 usque ad a. 1500. Scriptores. 1826 ff.

Script. Rer. Brit. = Rerum Britannicarum Medii Aevi scriptores. London 1858–1896.

Speer, Andreas u. Günther Binding (Hg.): Abt Suger von Saint-Denis. Ausgewählte Schriften. Darmstadt ²2005.

Literatur

Binding, Günther: *Baubetrieb im Mittelalter*. Darmstadt 1993.

Binding, Günther: *Der früh- und hochmittelalterliche Bauherr als sapiens architectus*. Darmstadt ²1998.

Binding, Günther: *Was ist Gotik?* Darmstadt 2000.

Binding, Günther (Hg.): *Der mittelalterliche Baubetrieb in zeitgenössischen Abbildungen*. Stuttgart 2001.

Binding, Günther u. Susanne Linscheid-Burdich: *Planen und Bauen im frühen und hohen Mittelalter nach den Schriftquellen bis 1250*. Darmstadt 2002.

Binding, Günther: *Meister der Baukunst. Geschichte des Architekten- und Ingenieurberufes*. Darmstadt 2004.

Binding, Günther: *Wanderung von Werkmeistern und Handwerkern im frühen und hohen Mittelalter*. Stuttgart 2005. (= Sitzungsberichte der Wiss. Ges. a.d. Johann Wolfgang Goethe-Univ. Frankfurt/M. 43,1).

Booz, Paul: *Der Baumeister der Gotik*. München, Berlin 1956.

Colombier, Pierre Du: *Les chantiers des cathédrales*. Paris ²1973.

Colvin, H. M.: *The History of the King's Works*. London 1963.

Coldstream, Nicola: *Medieval Craftsmen. Masons and Sculptors*. London 1991.

Conrad, Dietrich: *Kirchenbau im Mittelalter. Bauplanung und Bauausführung*. Leipzig 1990.

Gerstenberg, Kurt: *Die deutschen Baumeisterbildnisse des Mittelalters*. Berlin 1966.

Gimpel, Jean: *Les bâtisseurs de cathédrales*. Paris 1980 (1. Aufl. Bourges 1976; dt. Übersetzung: *Die Kathedralenbauer*. Wiesbaden 1996).

Hartmann-Virnich, Andreas: *Was ist Romanik?* Darmstadt 2004.

Harvey, John: *Medieval Craftsmen*. London 1957.

Icher, François: *Les oeuvriers des cathédrales*. Paris 1998.

Recht, Roland (Hg.): *Les bâtisseurs des cathédrales gothiques*. Strasbourg 1989.

Salzman, L. F.: *Building in England down to 1540*. Oxford 1952.

Schöller, Wolfgang: *Die rechtliche Organisation des Kirchenbaues im Mittelalter vornehmlich des Kathedralbaues. Baulast – Bauherrschaft – Baufinanzierung*. Köln, Wien 1989.

Tyghem, Frieda van: *Op en Om de middeleeuwse bouwwerf*. Brüssel 1966.

Warnke, Martin: *Bau und Überbau*. Frankfurt/M. 1976.

Anmerkungen

I. Einleitung

1 Gerne habe ich den Vorschlag von Frau Regine Gamm/Primus Verlag angenommen, einen allgemeinen Überblick zu verfassen. Frau Gamm danke ich für die verständnisvolle Redaktion, meine Frau Elisabeth und meine Tochter Almut haben mich intensiv unterstützt, das Manuskript kritisch gelesen und umgesetzt.

2 Günther Binding: *Bischof Bernward als Architekt der Michaeliskirche in Hildesheim*. Köln 1987. – Binding 1998, S. 225f.

3 Suger von Saint-Denis, *De administratione*, Satz 224; Speer/Binding 22005, S. 344f.

4 Suger von Saint-Denis, *De administratione*, Satz 174; Speer/Binding, 22005, S. 324f.

5 Zur Schönheit siehe den Überblick bei Günther Binding: *Die Bedeutung von Licht und Farbe für den mittelalterlichen Kirchenbau*. (= Sitzungsber. d. Wiss. Ges. a.d. Johann Wolfgang Goethe-Univ. Frankfurt am Main 41, 3) Stuttgart 2003, S. 141–152.

6 Bernhard von Clairvaux, *Apologia ad Guillelmum abbatem XII*, c. 28f.; Migne, Patrologiae, Series latina 182, S. 914–916. – Binding 1998, S. 232–236 mit Literaturangaben.

7 Suger von Saint-Denis, *De consecratione*, Satz 17; Speer/Binding ^{2}2005, S. 210–213.

8 Wilhelm, *Vita Sugerii*, Satz 391; Speer/Binding ^{2}2005, S. 394f.

9 Jochen Schröder: *Gervasius von Canterbury, Richard von Saint-Victor und die Methodik der Bauerfassung im 12. Jahrhundert*. Köln 2000, S. 330–333, 353–359, 362–369. – Binding/Linscheid-Burdich 2002, S. 308–312.

II. Bauherr und Bauverwalter

1 Goscelin, *Liber confortatorius*; C. H. Talbot in: Studia Anselmiana, Philosophica theologica 37, Rom 1955.

2 Binding ^{2}1998, S. 245–282.

3 Suger von Saint-Denis, *De consecratione* 58; Speer/Binding ^{2}2005, S. 228f.

4 Belege zum Folgenden siehe Günther Binding: „*architectus, magister operis, wercmeistere*: Baumeister und Bauverwalter im Mittelalter". In: Mittellateinisches Jahrbuch 34, 1999, S. 7–28. – Binding 1993, S. 51–73. – Vergleiche auch Booz 1956, S. 26–30.

5 Christian Freigang: *Imitare ecclesias nobiles. Die Kathedralen von Narbonne, Toulouse und Rodez und die nordfranzösische Rayonnantgotik im Languedoc*. Worms 1992, S. 198–202.

6 Carl Wilkes, Guido Rotthoff: *Die Stiftskirche des hl. Viktor zu Xanten. Die Baurechnungen der Jahre 1356 bis 1437*. Berlin 1957, S. XIV.

7 Binding 1993, S. 59.

8 Guibert von Nogent, *De vita sua libri tres II*, c. 12f; Edmonde-René Labande: *Guibert de Nogent, Autobiographie*. Paris 1981, S. 380–394. – Gimpel 1996, S. 47.

9 Roland Gerber: „Finanzierung und Bauaufwand der ersten St. Oswaldkirche in Zug (1478–1486)". In: Unsere Kunstdenkmäler 43, 1992, S. 51–66.

III. Der Werkmeister

[1] Günther Binding: „*architectus, magister operis, wercmeistere*: Baumeister und Bauverwalter im Mittelalter". In: Mittellateinisches Jahrbuch 34, 1999, S. 7–28 mit Nachweisen. – Vergleiche auch Booz 1956, S. 28–30.

[2] Isidor von Sevilla, *Etymologiae XIX*, c. 8–11; Wallace Martin Lindsay: *Isidori Hispanensis Episcopi Etymologiarum sive originum libri* XX. Oxford 1911. – Hrabanus Maurus, *De universo* XXI, c. 1–4; Migne, *Patrologiae*, Series latina 111, Sp. 559D-562D.

[3] Thomas von Aquin, *Summa contra gentiles* I, c. 1; Editio Leonina, Turin, Rom 1934.

[4] Lantbert von Lüttich, *Vita Heriberti archiepiscopi Coloniensis*, c. 8; MGH SS 4, S. 746.

[5] Herbord von Michelsberg (Bamberg), *Vita Ottonis episcopi Babembergensis* III, c. 36; MGH SS 20, S. 765.

[6] *Vita Meinwerci episcopi Patherbrunnensis*, c. 12; ed. Franz Tenckhoff (Script. rer. germ. in us. schol.) Hannover 1921, S. 6.

[7] Victor Mortet, Paul Deschamps: *Recueil des textes relatifs à l'histoire de l'architecture en France au moyen âge XIIe-XIIIe siècle*. Paris 1929, S. 288–290. – Günther Binding: «Zum Kölner Stadtmauerbau. Bemerkungen zur Bauorganisation im 12./13. Jahrhundert». In: Wallraf-Richartz-Jahrbuch 47, 1986, S. 11, Anm. 29 (lateinischer Text).

[8] Christian Freigang: *Imitare ecclesias nobiles. Die Kathedralen von Narbonne, Toulouse und Rodez und die nordfranzösische Rayonnantgotik im Languedoc*. Worms 1992, S. 198–202.

[9] Mortet/Deschamps (wie Anm. 7) S. 283f. – Binding (wie Anm. 7) S. 12, Anm. 31 (lateinischer Text).

[10] Gimpel 1996, S. 95. Zum Folgenden Horst Fuhrmann: *Einladung ins Mittelalter*. München 1987, S. 47f.

[11] *Menconis Chronicon Abbatis tertii in Werum ab anno 1237 usque ad annum 1273*. Abgedruckt in: Antonius Matthäus, *Veteris aevi analecta*..., tom. 2, 1738, S. 132–135. – Binding (wie Anm. 7) S. 12f.

[12] Mecklenburgisches Urkundenbuch, 9. Band, Schwerin 1875, Nr. 5954.

[13] Victor Mortet: *Recueil des textes relatifs à l'histoire de l'architecture en France au moyen âge XIe–XIIe*. Paris 1911, S. 231. – Binding (wie Anm. 7) S. 12, Anm. 30 (lateinischer Text).

[14] Gustav Schmidt: „Baurechnungen des Halberstädter Doms von 1367". In: Programm des Königlichen Dom-Gymnasiums zu Halberstadt Ostern 1888 bis 1889. Halberstadt 1889, S. 17.

[15] Wilhelm Mummenhoff: „Eine Baurechnung des Aachener Münsters aus der Zeit der Errichtung des gotischen Chores (1400/01)". In: Zeitschrift des Aachener Geschichtsvereins 44, 1922, S. 88.

[16] Barbara Schock-Werner: *Das Straßburger Münster im 15. Jahrhundert*. Köln 1983, S. 37.

[17] Thomas von Aquin, *Quaestiones de quodlibet* I, q 7, a 1 (13); Opera omnia XXV, Rom 1996, S. 195f.

[18] Mortet/Deschamps (wie Anm. 7) S. 291.

19 Leon Battista Alberti, *De re aedificatoria* IX, c. 8 – 10; Giovanni Orlandi: Leon Battista Alberti, L'architettura (De re aedificatoria). Mailand 1966, S. 847 – 855.

20 Heinrich von Gent, *Quodlibet* I, *quaestio* 35; R. Macken: *Henrici de Gandavo opera omnia* 5, Leiden 1979, S. 199.

21 Klaus Jan Philipp: „Werkmeister, Parliere, Steinlieferanten, Zimmermeister und die Bauorganisation in den Niederlanden vom 14. bis zum 16. Jahrhundert". In: Wallraf-Richartz-Jahrbuch 50, 1989, S. 392f, 400 – 402.

22 Schock-Werner (wie Anm. 16) S. 21f., 272f. – Luc Mojon: *Der Münsterbaumeister Matthäus Ensinger*. Bern 1967, S. 2.

23 Günther Binding: „Wer war Meister Gerhard, der vor 750 Jahren den Kölner Dom geplant und gebaut hat?" In: Thesaurus Coloniensis. Festschrift für Anton von Euw. Hrsg. von Ulrich Krings u. a. Köln 1999, S. 189 – 203.

24 Louis Grodecki: «Pierre, Eudes et Raoul de Montreuil á l'Abbatiale de Saint-Denis». In: Bulletin Monumental 122, 1964, S. 269 – 274.

25 John Harvey: *English Mediaeval Architects. A Biographical Dictionary down to 1550*. Gloucester ^{2}1984, S. 114f.

26 Zu den Grabsteinen siehe Luc Mojon: *St. Johannsen Saint-Jean de Celier. Beiträge zum Bauwesen des Mittelalters*. Bern 1987, S. 13 – 74. – Zu den Labyrinthen siehe Gimpel 1996, S. 39. – Andreas Hartmann-Virnich: *Was ist Romanik?* Darmstadt 2004, S. 84f.

27 Marcel Aubert: «Les architects de Notre-Dame de Paris de ^{XIIIe} siècle». In: Bulletin Monumental 72, 1908, S. 427 – 441.

28 Josef Durm: *Die Baukunst der Renaissance in Italien*. Leipzig ^{2}1914 (= Handbuch der Architektur II, 5) S. 274.

29 Leon Battista Alberti, *De re aedificatoria* I, c. 1; Orlandi (wie Anm. 19) S. 19 – 21.

30 Richard von St. Viktor, *In visionem Ezechielis* 6, c. 29 – 41; Migne, *Patrologiae*, Series latina 196, Sp. 548D-550A.

31 *Menconis Chronicon* (wie Anm. 11) S. 134.

32 Gimpel 1996, S. 93.

33 Robert Grosseteste, *Epistola* 1, *De unica forma omnium*; Script. Rer. Brit. 25, S. 4f. – Binding/Linscheid-Burdich 2002, S. 86f.

34 Lambert von Ardres, *Historia comitum Ghisnensium*, c. 152; MGH SS 24, S. 640.

35 *Vita sancti Giraldi* 15, 16; Mortet (wie Anm. 13) S. 258.

36 Binding/Linscheid-Burdich 2002, S. 449 – 459. – Peter Ochsenbein, Karl Schmucki (Hrsg.): *Studien zum St. Galler Klosterplan* II. St. Gallen 2002, Zitat Volker Hoffmann, S. 305.

37 Stephen Murray: "The Gothic Facade Drawings in the 'Reims Palimpsest'". In: Gesta 17.2, 1978, S. 51 – 55.

38 Die allgemeine Bruderschaftsordnung der Steinmetzen in deutschen Landen von 1459, Satz 34; Binding 1993, S. 114 und S. 171 mit Anm. 851.

39 Volker Liedke: „Neue Urkunden über Hans Stethaimer von Landshut". In: Ars Bavarica 1, 1973, S. 6 – 11. – Binding 1993, S. 171f., dort weitere Nennungen.

40 Karl Sehlin: *Baugeschichte des Basler Münsters*. Basel 1895, S. 201.

41 Hans R. Hahnloser: *Villard de Honnecourt. Kritische Gesamtausgabe des Bauhütten-*

buches ms. fr. 19093 der Pariser Nationalbibliothek. Graz ²1972. – Carl F. Barnes: *Villard de Honnecourt: The Artist and his Drawings, a Critical Bibliography.* Boston/Mass. 1982. – Binding 1993, S. 207–227. – Roland Bechmann: *Villard de Honnecourt. La pensée technique au XIIIe siècle et sa communication.* Paris 1991. – Gimpel 1996, S. 73–84. – Wilhelm Schlink: „War Villard de Honnecourt Analphabet?" In: *Pierre, lumière, couleur.* Hrsg. von Fabienne Joubert und Dany Sandron. Cultures et civilisation médiévales 20, 1999, S. 213–221.

42 Douglas Knoop: "The First Three Years of die Building of Vale Royal Abbey 1278–1280". In: Ars Quatuor Coronatorum 44, 1929, S. 18.

43 *Translatio sancti Viti martyris,* c. 4; Irene Schmale-Ott: *Übertragung des Hl. Märtyrers Vitus.* (= Fontes Minores 1) Münster 1979.

44 Anneliese Seeliger-Zeiss: «Studien zum Steinmetzbuch des Lorenz Lechler von 1516». In: architectura 12, 1982, S. 125–150.

45 *Vita Oswaldi archiepiscop Eboracensis* III, C. 4; Script. Rer. Brit. 71/1, S. 434.

46 Leon Battista Alberti, *De re aedificatoria* III, c. 1; Orlandi (wie Anm. 19) S. 175.

47 Lambert von Ardres, *Historia comitum Ghisnensium,* c. 152; MGH SS 24, S. 640.

48 *Fundatio ecclesiae Hildensemensis;* MGH SS 30/2, S. 943f.

49 Giraldus Cambrensis, *De rebus a se gestis libri tres* III, c. 12; Script. Rer. Brit. 21, S. 64.

50 Gilo, *De vita sancti Hugonis cluniacensis abbatis,* fol. 216f.; A. *L'Huillier: Vie de Saint Hugues, abbé de Cluny* 1024–1109. Solesme 1888, S. 606.

51 Hugo von St. Viktor, *Didascalicon* VI, c. 4; Charles Henry Buttimer: *Hugonis de Sancto Victore Didascalion.* Washinton 1939, S. 118.

52 *Menconis Chronicon* (wie Anm. 11).

53 Isidor von Sevilla, *Etymologiae* XIX, c. 18,1; Lindsay (wie Anm. 2).

54 Durandus von Mende, *Rationale divinorum officiorum* I, c. 1, 7; *Corpus Christianorum,* Continuatio mediaevalis 140, S. 14.

55 Hans Erich Kubach, Walter Haas: *Der Dom zu Speyer.* (= Die Kunstdenkmäler von Rheinland-Pfalz 5) Deutscher Kunstverlag 1972.

56 Jürgen Segger: *Zur Statik gotischer Kathedralen.* Diss. Aachen 1969, S. 40.

57 Wolfang Braunfels: *Mittelalterliche Stadtbaukunst in der Toskana.* Berlin ⁶1988, S. 161.

58 Leonardo da Vinci, *Codice atlantico,* fol. 270; Marcus Brandis: *La maniera tedesca.* Weimar 2002, S. 151.

59 *Miracula alia sancti Iohannis episcopi Eboracensis;* Script. Rer. Brit. 71/1, S. 345.

60 Zum Folgenden siehe Binding 1993, S. 261–265.

61 *Practica geometriae,* c. 3; Maximilian Curtze in: Monatshefte für Mathematik und Physik 8, 1897, S. 195.

62 Thierry von Chartres, *Tractatus de sex dierum operibus,* c. 32; Nikolaus Haring: „The Creation and Creator of the World according to Thierry of Chartres and Clarenbaldus of Arras". In: Archives d'histoire doctrinale et littéraire du moyen âge 30, 1955, S. 195f.

63 Anselm von Saint-Remi in Reims, *Historia dedicationis basilicae sancti Remigii apud Remos,* c. 5f.; Mortet (wie Anm. 13) S. 10–13. – Anne Prache: *Saint-Rémi de Reims.* Paris 1978.

[64] Knoop (wie Anm. 42).

[65] Zum Folgenden Arnold Wolff: „Chronologie der ersten Bauzeit des Kölner Domes 1248–1277“. In: Kölner Domblatt 28/29, 1968, S. 7–229. – Arnold Wolff: *Der Kölner Dom*. Stuttgart 1974.

IV. Die Handwerker

[1] *Liber custumarum*; Script. Rer. Brit. 12/2,1, S. 86f.

[2] Georges Bernhard Depping: *Régélements sur les Arts et Métiers de Paris, rédigés au XIIIe Siècle et connus sous le nom du Livre des Métiers d'Etienne Boileau*. Paris 1837, S. 107. – Paul Frankl: *The Gothic, Literary Sources and Interpretations through Eight Centuries*. Princeton 1960, S. 848–851.

[3] Howard Montagu Colvin: *The History of the King's Works. Bd. I. The Middle Ages*. London 1963, S. 93–159, Tabelle S. 140. – Howard Montagu Colvin: *Buildings Accounts of King Henry III*. Oxford 1971.

[4] Douglas Knoop, G. P. Jones: "The First Three Years of the Building of Vale Royal Abbey, 1278–1280". In: Ars Quatuor Coronatorum 44, 1929, S. 27–30.

[5] Karl Rothenbücher: „Geschichte des Werkvertrages nach deutschem Recht“. In: Untersuchungen zur deutschen Staats- und Rechtsgeschichte 7, 1906, Heft 87, S. 12. – Booz 1956, S. 23.

[6] Jean Raine: *The Fabric Rolls of York Minster*. Durham 1859 (= Surtees Soc. 35). – Salzman 1952, S. 54f.

[7] Volker Segers: *Studien zur Geschichte der deutschen Steinmetzbruderschaft*. Diss. Berlin 1980. – Binding 1993, S. 110–120. Jeweils mit vollständigem Text.

V. Beschaffung und Transport von Baumaterialien

[1] Joseph Neuwirth: *Die Wochenrechnungen und der Betrieb des Prager Dombaues in den Jahren 1372–1378*. Prag 1890, S. 34, 36, 58.

[2] Ebd., S. 34, 394.

[3] Karl Uhlirz: *Die Rechnungen des Kirchmeisteramtes von St. Stephan zu Wien*. Wien 1902, S. XVIIf. – Alois Kiesling: *Die Steine von St. Stephan*. Wien 1949, S. 40–42.

[4] Barbara Schock-Werner: *Das Straßburger Münster im 15. Jahrhundert*. Köln 1983, S. 27, 42f.

[5] Peter Kurmann: *La cathédrale Saint-Etienne de Meaux*. Genève 1971, S. 60, Anm. 238.

[6] Theodor Joseph Lacomblet: *Urkundenbuch für die Geschichte des Niederrheins*. Bd. 2 (1201–1300) Düsseldorf 1846.

[7] Carl Wilkes, Guido Rotthoff: *Die Stiftskirche des hl. Viktor zu Xanten. Die Baurechnungen der Jahre 1356–1437*. Berlin 1957, S. XXVI.

[8] Ebd., S. XXVII, Sp. 221, 321.

[9] Neuwirth (wie Anm. 1) S. 294ff.

[10] Max Hasak: *Der Kirchenbau des Mittelalters*. Leipzig ²1913, S. 324, 327.
[11] Binding/Linscheid-Burdich 2002, S. 255f.
[12] Heiric von Auxerre, *Miracula sancti Germani* II, c. 6; MGH SS 13, S. 402f.
[13] Jotsald, *Vita sancti Odilonis Cluniacensis abbatis* I, c. 13; Migne, *Patrologiae*, Series latinae 142, Sp. 908A.
[14] Leo Marsicanus, *Chronica monasterii Casinensis* III, c. 26; MGH SS 34, S. 394.
[15] Rudolf, *Gesta abatum Trudonensium* I, c. 11; MGH SS 10, S. 234f.
[16] *Liber Gaufridi sacristae de Coldingham de statu ecclesiae Dunhelmensis*; James Raine: Historiae Dunelmensis. London 1839, S. 11.
[17] *Liber miraculorum sancte Fidis*; Victor Mortet: *Recueil des textes relatifs à l'histoire de l'architecture en France au moyen âge XIIe–XIIIe siècle*. Paris 1929, S. 105f.
[18] *Gesta episcoporum Cameracensium* III, c. 49; MGH SS 7, S. 483.
[19] Suger von Saint-Denis, *De consecratione*, Satz 17–30; Speer/Binding ²2005, S. 210–215. – Binding/Linscheid-Burdich 2002, S. 249–251.
[20] Ebd., Satz 33-41; Speer/Binding ²2005, S. 214–219.
[21] Joseph Neuwirth: *Geschichte der bildenden Kunst in Böhmen*. Bd. I, Prag 1893, S. 344–346, 599.
[22] Zum Folgenden Neuwirth (wie Anm. 1) S. 71–76, 395, 470f.
[23] Uhlirz (wie Anm. 3) S. XVIII.
[24] Wilkes/Rotthoff (wie Anm. 8) S. XXVI, p. 236, 304f.
[25] Georges Bernhard Depping: *Réglemens sur les Arts et Métiers de Paris. Paris* 1837, S. 107.
[26] Wilkes/Rotthoff (wie Anm. 7) Sp. 12f., 24.
[27] *Chronicon Ninovensis*; MGH SS 25, S. 535.

Ortsregister

Abb.verweise (Bildnummern) sind *kursiv* gesetzt

Bildnachweis

Abb.:
1: picture-alliance/KPA/HIP/ArtMedia
2: picture-alliance/akg-images
3: The Board of Trinity College Dublin
4: Medieval Craftsmen. Masons and Sculptors, S. 46/Abb. 47
5: British Library, London
6: Klaus Bednorz, Köln
8: Koninklijk Museum voor Schone Kunsten, Antwerpen (Belgien)
9: Museum Meermanno-Westreenianum, Den Haag, 10 A 17, folio 133v
10: Medieval Craftsmen. Masons and Sculptors, S. 10/Abb. 8
11: Medieval Craftsmen. Masons and Sculptors, S. 43/Abb. 43
12: British Library, London
13: Bibliothèque municipale, Toulouse
15: Bibliothèque nationale de France, Paris
16: Bildarchiv Foto Marburg
17: Bildarchiv Foto Marburg
19: picture-alliance/akg-images
20: M. Schöller
22: Dombauarchiv Köln, Matz und Schenk
29: Uwe Dettmar, Frankfurt
36: Dehio – v. Bezold
41: M. Hasak, Der Kirchenbau des Mittelalters, Leipzig 1913
46: Bibliothèque nationale de France, Paris
47: Württembergische Landesbibliothek, Stuttgart
48: Österreichische Nationalbibliothek, Wien
49: Burgerbibliothek Bern
50: akg-images/Erich Lessing
51: Hans Erich Kubach/Walter Haas, Der Dom zu Speyer, S. 53
52: Hans Erich Kubach/

Walter Haas, Der Dom zu Speyer, S. 55
53: Hans Erich Kubach/ Walter Haas, Der Dom zu Speyer, S. 36
54: Hans Erich Kubach/ Walter Haas, Der Dom zu Speyer, S. 10
55: Hans Erich Kubach/ Walter Haas, Der Dom zu Speyer, S. 15
56: Hans Erich Kubach/ Walter Haas, Der Dom zu Speyer, S. 24
57: Uwe Dettmar, Frankfurt
59: Klaus Bednorz, Köln
61: A. Hubel, M. Schuller, Der Dom zu Regensburg, Regensburg 1995.
62: Dombauarchiv Köln
63: Dombauarchiv Köln
64: Arnold Wolff, Gotischer Kölner Dom
65: Arnold Wolff, Gotischer Kölner Dom
66: Arnold Wolff, Gotischer Kölner Dom
67: Arnold Wolff, Gotischer Kölner Dom
68: Arnold Wolff, Gotischer Kölner Dom
69: Bibliothèque royale de Belgique, Brüssel
71: Burgerbibliothek Bern
72: Umzeichnung nach einer Abbildung der Pierpont Morgan Library, New York
73: Stadtbibliothek Nürnberg
74: Stadtbibliothek Nürnberg
75: Stadtbibliothek Nürnberg
76: Stadtbibliothek Nürnberg
77: Stadtbibliothek Nürnberg
78: Stadtbibliothek Nürnberg
79: Stadtbibliothek Nürnberg
80: Stadtbibliothek Nürnberg
81: Österreichische Nationalbibliothek, Wien
82: Zentralbibliothek Zürich
83: Bibliothèque royale de Belgique, Brüssel
85: wie Abb. 11
86: Uwe Dettmar, Frankfurt
88: Museum Plantin-Moretus/Prentenkabinet, Antwerpen: collection museum
89: Arnold Wolff, Der gotische Dom zu Köln, Köln 1986, S. 11
90: Nationalbibliothek der Tschechischen Republik, Prag
91: Bayerische Staatsbibliothek, München
92: Reproduced by courtesy of the University Librarian and Director, The John Rylands University Library, The University of Manchester
93: Österreichische Nationalbibliothek, Wien
95: Bibliothèque Nationale, Paris
96: Universitätsbibliothek Kassel, Handschriftenabteilung
97: Bibliothèque royale de Belgique, Brüssel
98: picture-alliance/akg-images/Erich Lessing
99: Uwe A. Oster (Hg.), Die großen Kathedralen. Gotische Baukunst in Europa, Darmstadt 2003, S. 169
100: Uwe A. Oster (Hg.), Die großen Kathedralen. Gotische Baukunst in Europa, Darmstadt 2003, S. 170
101: Uwe A. Oster (Hg.), Die großen Kathedralen. Gotische Baukunst in Europa, Darmstadt 2003, S. 171
102: Uwe A. Oster (Hg.), Die großen Kathedralen. Gotische Baukunst in Europa, Darmstadt 2003, S. 171

Alle übrigen Abbildungen: Günther Binding.